Rubens Saraceni

O ORÁCULO DE DELFOS

O ANCESTRAL MÍSTICO

CONTO MÍSTICO INSPIRADO POR MEON,
O ESPÍRITO DA FONTE

MADRAS®

Editor:
Wagner Veneziani Costa

Produção e Capa:
Equipe Técnica Madras

Revisão:
Maria Cristina Scomparini
Alessandra J. Gelman Ruiz
Augusto do Nascimento

CIP-BRASIL. CATALOGAÇÃO-NA-FONTE SINDICATO NACIONAL DOS EDITORES DE LIVROS, RJ.

S245o
Saraceni, Rubens, 1951—
Oráculos de Delfos: o ancestral místico/Rubens Saraceni.
— São Paulo: Madras, 2005

ISBN 85-7374-722-6

1. Romance espírita. I. Título.
05-0838. CDD 133.9
CDU 133.9
17.03.05 22.03.05 009523

MADRAS EDITORA LTDA.
Rua Paulo Gonçalves, 88 — Santana
02403-020 — São Paulo — SP
Caixa Postal 12299 — CEP 02013-970 — SP
Tel. (0_ _11) 6959-1127 — Fax (0_ _11) 6959-3090
www.madras.com.br

Dedico este livro

À minha esposa Alzira, companheira de todos os momentos,
em homenagem ao Ancestral Místico da luz do saber,
por honra e glória do Criador de tudo e de todos.

ÍNDICE

A Palavra do Autor

Vou começar esta história explicando como se deu o meu contato com o Oráculo de Delfos, sem nunca ter ido à Grécia, apesar de gostar muito de sua História, Religião Antiga e Cultura.

A cultura grega é um monumento ao saber humano.

No tempo em que era uma cultura viva, todos os outros povos buscavam com seus filósofos o saber, tanto do corpo como do espírito.

Após sua queda como grande nação, os gregos conservaram ainda por muitos séculos o seu saber e sua cultura, a qual chegou até nossos dias com seu esplendor nunca eclipsado por nenhuma outra.

Diferente da cultura egípcia, essencialmente religiosa, a cultura grega é a mostra do que o ser humano é capaz quando guiado pela razão.

O povo grego era tão místico quanto o egípcio, mas seguiu outro rumo em relação à religião. Tinha um panteão de divindades, mas deixava que cada um escolhesse o seu deus protetor, não impondo uma divindade sobre todas as outras, exceto o deus supremo, Zeus.

Cada cidade-estado tinha seu deus, ou sua deusa, protetor, mas geralmente respeitava todo o panteão grego.

Isso tornou a cultura o mais racional possível, pois ela possuía a essência desse panteão, tão diverso e tão uno ao mesmo tempo.

A diversidade possui essa qualidade. Ela produz uma cultura universal, pois não é direcionada a uma forma preestabelecida, e se forma do choque de diversos modos de pensar.

A única cultura que se aproxima da grega é a norte-americana, a qual também absorve o que o mundo tem a oferecer de melhor ao pensamento moderno.

Quando — e se isso acontecer — o poder americano declinar, sua cultura permanecerá como mostra da grandeza do seu povo. Ainda que de forma diferente, com toda essa modernidade que se supera a todo instante, o pensamento americano permanecerá para sempre. O tempo mostrar-nos-á isso.

É essa diversidade de pensamento que criou as condições para que o Helenismo se tornasse, no decorrer dos séculos, uma corrente de pensamento clássico.

O que na sua origem é fechado passa à História como algo inatingível; entretanto, o que é aberto influencia a História de muitos povos que forem capazes de identificar-se com seu modo aberto e fácil de compreender, e, ao mesmo tempo, traz em si um saber que só os povos abertos a toda manifestação de pensamento conseguem passar adiante.

Os povos com um sistema fechado de pensamento, quando assumem grande influência sobre a Terra, trazem longos períodos de trevas à humanidade.

Exemplo? Vamos dar dois, ainda em toda sua força: o Cristianismo e o Islamismo. Ambos são modelos de como, quando com plenos poderes, sufocam o livre-arbítrio ou o livre-pensar dos homens.

Nesses sistemas, reina o Monoteísmo.

Tolhem ao máximo a liberdade dos gênios criativos, os quais não podem expressar todo o seu potencial.

Ainda bem que nós, que vivemos sob a influência do Cristianismo, já estamos livres do seu código do silêncio, não sem a perda de grandes gênios, tolhidos no seu nascedouro.

O surgimento da Imprensa, inventada por Gutenberg, trouxe um oráculo moderno à luz.

Aí se inicia realmente a história do oráculo.

A imprensa é um oráculo. O rádio, o telefone e a televisão são os oráculos modernos colocados à disposição do mundo atual.

Por que nós os consideramos uma forma oracular?

Hoje, quando queremos saber algo, ligamos o rádio ou a televisão, lemos um jornal e até mesmo telefonamos a alguém. Prontamente, ficamos sabendo o que queríamos de uma forma prática.

Isto é um oráculo, assim como consultar o tarô para saber algo a respeito do futuro é também um oráculo, ou ir a um médium e consultar o seu guia espiritual ou mentor sobre um problema qualquer também é consultar um oráculo.

A forma pode ser diferente, sem o mistério que os gregos tinham a respeito dos seus oráculos, mas são formas oraculares de se saber algo, pois o oráculo faz parte de todos os seres humanos e está ligado ao nosso pensamento.

Quem não quer saber algo a respeito da moça que ama e não sabe se é correspondido? Que país não quer saber tudo a respeito do seu vizinho, que começa a mexer com seus interesses políticos? Isso também é uma forma oracular. Só mudam as aparências.

Pois bem, talvez a minha vontade de saber sempre um pouco do que me agrada também o seja... ou talvez isso se relacione ao ancestral místico, o ar, que tenha trazido à presente encarnação esse contato com o gênio guardião dos mistérios do Oráculo de Delfos.

Mas o que importa é que a ligação existe, e a curiosidade que sempre tive a respeito da religião helênica e, principalmente, a respeito dos seus oráculos, só foi satisfeita e esclarecida quando descobri que tinha o dom ancestral místico de incorporação oracular.

Primeiro, na mesa kardecista, e depois, nos templos da Umbanda Sagrada. Isso por uma necessidade do próprio dom de se manifestar, pois a lei cármica, ainda que de forma às vezes imperceptível, outras de forma brutal, leva-nos ao encontro do nosso dom.

Foi dentro do ritual de Umbanda que encontrei o meu dom ancestral místico. E em uma das manifestações, em um culto em minha própria casa, uma entidade, até então desconhecida, manifestou-se como "o Oráculo".

Bem, há muito tempo que não tocava nos livros de História, e já me havia esquecido do panteão grego e do seu tão intrigante oráculo. Como essa palavra adormecida voltou à minha mente de uma forma tão estranha?

Qual a explicação para isso?

A timidez fazia-me calar e esperava que, no seu devido tempo, tudo se esclarecesse.

Mas a curiosidade atiçava a razão.

Quem seria essa entidade que se dizia oráculo?

Pelo pouco tempo de iniciação no ritual de Umbanda, pouco entendia dos seus mistérios.

E a diversidade de nomes que ocultavam as entidades fez com que eu ocultasse o oráculo também, pois só ouvia falar em Caboclos, Pretos-velhos, ou Exus, mas nunca em oráculo.

Porém, igual a todo mundo, eu tinha um segredo que niguém mais possuía: um oráculo.

Só não sabia como era ou para que servia.

Isso o tempo me responderia de forma sábia; era só ter paciência.

E muitos livros foram lidos por mim sem nunca encontrar algo sobre os oráculos.

Até esse ponto, nada esclarecido.

A curiosidade adormeceu, pois os deveres desviaram-na para outros assuntos. Só adormeceu, não morreu.

Quando tive o prazer de conhecer um grande vidente, perguntei-lhe como era o oráculo:

— Só uma fumaça. Nem de cor cinza, nem azul. Uma mescla das duas.

E o oráculo, após essa minha descoberta, intrigou-me mais ainda, pois me transmitiu seu local de origem: DELFOS.

Nova procura: onde ficava Delfos e o que representou à civilização grega.

Poucas explicações. Não encontrei a resposta esperada. Mas tinha agora uma certeza: o oráculo era dado em um momento em que a sacerdotisa estivesse incorporada por uma entidade invisível.

Novo esquecimento do oráculo. Foi o tempo em que comecei a ter muitas respostas em outro sentido. O Oráculo de Delfos adormecera em minha mente.

Já não o consultava mais a respeito de suas origens. O que importava saber suas origens, se nada parecido eu encontrava no ritual de Umbanda?

As manifestações espirituais no ritual tinham um sentido religioso, todo ele em torno de uma doutrina que nos ensinava sobre OLORUM e suas diversas forças atuantes por meio dos pontos de força na Natureza. Enfim, aprendia a conhecer os ORIXÁS, a estudar o seu sentido mais elevado, ou seja, as forças emanadas do Divino Criador.

Mas, de vez em quando, vinha-me à mente a lembrança do Oráculo de Delfos.

O que importava realmente ter um oráculo, se o dom de incorporação era encontrado em todos os lugares do mundo? Alguns de uma forma sutil, outros nem tanto.

E a inspiração dos profetas e dos apóstolos também não era uma forma de um oráculo?

Procurei melhores informações, mas o máximo que consegui foram descrições bíblicas a respeito do dom de pessoas falarem línguas estranhas.

Tudo mal explicado e muito oculto. Talvez não quisessem tornar esse fato popular, após tanto esforço dos primeiros apóstolos.

E quanto aos profetas, muito mais ocultismo ainda. Tudo envolto em mistérios e ocultismo, e eu via na Bíblia a mais pura magia.

Magia disfarçada com palavras bem pensadas. Era hipocrisia daqueles que queriam ocultar o poder da magia, com códigos que só os iniciados podiam decifrar. E como nunca gostei da Cabala ou coisas semelhantes, terminou por aí minha busca.

Para que entender o que não estava explícito, se quem sabia não ensinava e a maioria dos que ensinavam não sabia?

A busca tinha de ser interior, sem nenhuma interferência externa. A resposta tinha de ser encontrada na própria linha de força dos mentores espirituais. Eles sabiam quais eram os mistérios verdadeiros, de origem divina, e quais os falsos, simples criação de mentes envolvidas, mas que pensam ser donas do saber sagrado.

"O sagrado ou os mistérios maiores são revelados só após termos dado provas de que já integramos suas linhas de trabalho em prol dos semelhantes."

Isso é o que me foi dito por um integrante de minha linha de força.

Algo que li em um livro, cujo título não me recordo, seu autor que me desculpe, pois não o tenho mais para poder citá-lo, dizia: "Ninguém entra na Magia pela porta dos fundos".

A Magia é o conhecimento dos mistérios maiores, e estes só os mentores conheciam. Não estavam escritos.

Foi um longo período de observação. Nenhum detalhe procurava deixar passar sem conhecê-lo.

Tudo tinha de ser esclarecido. Uma vontade que não me pertencia estava me conduzindo. Eu só seguia minha intuição. Não absorvia nada que não fosse ditado por essa vontade interior.

Era o tempo de conhecer a força dos elementos.

Tudo o que já havia lido sobre o assunto não dava a chave de acesso. Ou um copiava o outro, ou não podia ser revelado.

Novamente a dúvida: quem ensinava não sabia e quem sabia não ensinava.

O tempo foi longo porque, a cada revelação, havia um tempo de observação do invisível sobre o efeito da revelação em mim.

Eu não sabia que estava sendo observado. Mas tinha comigo que o conhecimento devia ser balanceado com o equilíbrio da razão e da lei que o revela.

Após longo período, todo o conhecimento sobre os elementos estava adquirido e era usado com a intuição.

O bom uso trouxe novos conhecimentos e maior determinação no rumo tomado.

As provas falavam por si mesmas. Estava no caminho certo. Nada pode ser obtido sem o auxílio de nossa linha de força. E, se esta não o possui adormecido, não adianta buscarmos fora, pois lá aprendemos como funciona, mas não podemos usá-lo, porque não nos pertence como dom ancestral místico. O máximo que podemos obter são complicações para nós mesmos.

Muitos se prejudicaram ao tentar apossar-se do que não tinham. Tornavam-se, na verdade, magos negros ou mestres das trevas.

Melhor a abstinência que o suicídio do espírito.

Muitos tolos já haviam mergulhado no abismo. Não tinham servido, queriam servir-se e isto é um suicídio. Renunciamos ao livre-arbítrio com que o Criador nos contemplou, sem nos termos integrado ao nosso dom ancestral místico.

A precaução nunca fez mal a ninguém. Quem se atira de cabeça em um lago escuro não vê os perigos que ele oculta.

Era por isso que eu não procurava pelo oráculo. Nada sabendo a seu respeito, era melhor deixá-lo adormecido no seu passado longínquo.

Só que não imaginava que o dom do oráculo havia sido incorporado ao meu ancestral místico há treze milênios.

Como descobri isso?

Só após o início da revelação dos mistérios maiores. Já era um M..L.. depois de muita dedicação.

Como consegui-los? Impossível, pois o primeiro mistério diz exatamente isto: "O primeiro mistério é saber guardar segredo dos mistérios".

Então, que cada um, a seu tempo, descubra a sua fonte oculta.

Pois bem, o passado é intrigante. É nele que podemos achar as explicações para certas peculiaridades do presente: aflições inexplicáveis, angústias sem motivo de ser, ambições desmesuradas, rancores odiosos, ódios milenares, amores não correspondidos, afeição instantânea por outras pessoas.

Tudo o passado explica-nos.

Se tivermos a chave de acesso a ele, podemos vasculhá-lo à vontade. É um baú de mistérios que oculta nossa personalidade atual.

E foi assim que fui aprendendo algumas coisas a respeito do Oráculo de Delfos.

Quando nem as linhas de força podiam desvendar o ponto de algumas magias negras para posterior término de sua atuação, inquiria o oráculo.

Ele podia responder, pois seu campo de visão é abrangente até o nono círculo descendente.

Muitas entidades têm limitações, mas o oráculo não possui essa limitação. Nenhuma porta fecha seus segredos ao olhar do Oráculo de Delfos, um gênio amigo e, mais que isso, quase familiar pelo ancestral místico.

Onde nem os guardiões das trevas dos mediadores têm acesso, o oráculo penetra.

Quando atingi o grau de M..L.., foi-me dito: "Sete mil anos, deste dia para trás, estão-lhe abertos. Se quiser saber algo, é só ouvir as vozes do passado e o conhecerá".

Como foi a curiosidade que me conduziu até esse ponto, então ela mesma me levou a auscultar o Oráculo de Delfos.

Se ele via o passado, o presente e o futuro, então podia consultá-lo. Esses três estados eram-lhe abertos, e eu o tinha como companhia; então, era só pedir-lhe, pois, se o futuro é ruim quando o conhecemos, o passado esclarece-nos a respeito de muitas coisas. Que o digam os historiadores e arqueólogos que têm respostas para muitos mistérios em que estão envoltos os povos do passado distante, só que eles não têm a chave que revela os mistérios religiosos que envolveram esses mesmos povos, mistérios estes que só nos chegam em pequenos fragmentos.

Mas eu tinha o Oráculo de Delfos à minha disposição; era só querer, que a chave abriria as portas dos povos antigos e seu modo de cultuar o Criador.

Mas não estava convicto de que isso era possível ou permitido.

Somente quando o próprio Oráculo de Delfos me comunicou seu desejo de me inspirar sobre os mistérios que o véu do tempo encobriu, comecei a ter certeza de que isso era possível. E isso só seria admissível se o ancestral místico o permitisse.

Então, era apenas ouvir a voz de quem viu o desenrolar da História da humanidade e, sempre que consultado, ou quando se fez necessário, interveio nesta história.

Melhor deixar o Oráculo de Delfos falar, pois suas palavras foram estas: "Quando chegar o tempo, eu lhe darei uma história sobre o ancestral místico oracular ou a história do oráculo que encantará a todos que a lerem".

Rubens Saraceni

Introdução

Como são estranhos os iniciados! Sacrificam-se por um ideal ou objeto procurado.

Não temem a morte. Até mesmo preferem-na, ao não alcançar o objeto amado.

Lutam por um mistério durante toda a existência.

Morrem por uma causa, um objeto procurado, um mistério ou uma religião, não importa. Mas não deixam de fazer o que tem de ser feito.

Aí está o encanto dos iniciados. Nisso eles são diferentes dos outros mortais. Sim, como são diferentes os iniciados!

Só um dom ancestral místico compreende a natureza de um Iniciado.

É por isso que nunca abandona um Iniciado; dá-lhe vida. Atrai multidões de mortais comuns. São as luzes que guiam a humanidade.

Sem os iniciados, a humanidade perderia todo o seu encanto. Seria um mundo sem vida.

Só os iniciados e os místicos conseguem mantê-la ligada aos ancestrais místicos.

Só eles possuem essa força que consegue manter o ser humano ligado à divindade criadora.

Quando um lugar, ou época precisa, está mergulhado na ignorância dos mistérios divinos, um Iniciado surge em meio às maiores adversidades e impõe-se sobre todos, com a força que o move.

Sim, o ancestral místico são eles e eles são parte do ancestral místico.

Todos os ancestrais místicos têm os seus iniciados espalhados na Terra, no meio das multidões.

São eles que não deixam o ser humano cair na bestialidade.

Sim, como são encantadores os iniciados!

Quanto a Delfos, sofreu no meio do prazer.

Quem é mais feliz? Quem pode possuir todas as mulheres e não saciar a sede com nenhuma ou quem só com uma sente-se saciado?

Procurou em todas e não encontrou. Morreu infeliz. Nunca encontrou alguém parecido com Neema quando jovem, isso eu sei.

Até hoje a procura. No meio da multidão, procura o seu rosto, sua forma e seu encanto.

Foi isso que o fez ir em frente e cumprir todas as tarefas que o seu ancestral místico lhe ordenou.

Saiu-se melhor em umas, pior em outras, mas sempre as cumpriu.

Sim, isso eu também sei, pois eu o acompanho até hoje, e a tudo contemplei em silêncio.

Delfos não morreu jamais na mente do ente humano. E eu, como seu gênio, vi sua ascensão, seu apogeu e seu declínio, provocado pelo próprio ser humano que não soube interpretar os oráculos emitidos não só por mim, mas por todos os outros gênios do dom ancestral místico.

Mas quando os oráculos foram calados, os que os calaram tiveram de absorver os doze oráculos vivos.

Sim, eles vieram para derramar sobre a humanidade o dom ancestral místico do oráculo.

Quem foram eles?

Se não sabem, não serei eu quem o dirá.

Não, isso terão de procurar, como procuram todos os místicos.

Sim, eu sei, todo Iniciado é um místico, mas nem todo místico é um Iniciado. Esta é uma verdade.

E só quem consegue ver um Iniciado em sua vida, consegue encontrar-se com seu ancestral místico.

Quanto aos outros, continuam mortais comuns, sujeitos ao medo da morte.

Um Iniciado não teme a morte, pois conhece este oráculo que diz:

"Eu sou seu ancestral místico.

Eu sou você e você é parte de mim."

Eis o primeiro mistério que um Iniciado conhece.

Quanto aos outros enigmas, são todos instrumentos de ação de quem conhece esse mistério maior.

Quanto ao Iniciado Meon, voltaria mais uma vez à pele do cordeiro para auxiliar o ancião, quando de sua missão seguinte na qual reencarnaria e serviria não mais a Píton, a serpente encantada, mas a Hash Meir, ou a serpente luminosa.

Nota do autor: a história a seguir nos foi inspirada pelo espírito da fonte do saber: "Meon", o Iniciado do ancestral místico da luz do saber.

Capítulo 1

A Origem do Oráculo de Delfos

Eu sou o Oráculo de Delfos. Sim, isto eu sou, fui e sempre serei. Minha forma é impessoal, como impessoais são todos os gênios que existem na Natureza.

Nós, os gênios, não temos forma. Somos essencialmente uma emanação do Criador para servir à humanidade.

Os gênios podem metamorfosear-se no que quiserem. Nós somos parte da Natureza. Estamos também ligados ao ser humano. Somos parte de sua herança ancestral mística.

Quando o ser humano foi direcionado para o planeta Terra, e isto há milênios incontáveis, foram postos à sua disposição muitos pontos de força na Natureza para que pudesse manter uma ligação com seu ancestral místico.

O oráculo ou dom oracular é um deles.

Todos possuem o dom de se comunicar com o mundo invisível. É um dom comum a todos os seres humanos.

O culto ao ancestral é comum a todos. Em todas as regiões do planeta, o culto ao ancestral existe. Não é exclusivo de uma religião.

Uns cultuam os seus profetas; outros, os seus santos, e ainda outros, as forças da natureza.

Sim, a Natureza posssui seus pontos de força e também os guardiões desses pontos.

Tudo é regido por uma lei divina que não está ao alcance do ser humano. Este é regido por leis que não podem ser alteradas. Elas são imutáveis.

O homem é que tem de se adaptar a elas e viver o melhor possível, sem desafiá-las, pois, se o fizer, será cobrado.

O oráculo é um dom que sempre existiu.

É regido pelo ar. É através do ar que o som se propaga. Portanto, o ancestral místico do dom oracular é o ar.

Só existem quatro ancestrais místicos. São ar, terra, fogo e água.

Dentro de cada ancestral místico existem muitos dons.

Sete são os dons originais da luz e sete são os dons originais das trevas.

Mas o oráculo é um dom ancestral místico do ente humano. E está ligado ao ar.

É no ar que as mensagens são transmitidas e o ente humano tem necessidade de ouvi-las.

Sim, é por isso que no culto à Natureza, eu, o oráculo, era consultado.

Havia os rituais de invocação do oráculo e, quando precisavam, vinham consultar o oráculo.

O ente humano sempre quis conhecer o seu futuro. Isso é próprio de sua natureza, pois traz em sua herança ancestral um dom que é a curiosidade.

Quer saber o que vai acontecer, como vai desenvolver-se uma luta particular e muitas outras coisas, sempre relacionadas ao futuro.

Eu, o Oráculo de Delfos, estou falando sobre o ente humano somente para poder mostrar onde me localizo.

Eu sou um gênio do ar. Não tenho forma física. Sou fluido etéreo.

Há milênios que sou conhecido do ente humano.

Houve um tempo em que eu era comum a todos.

Com o passar do tempo, fui sendo ocultado e meus mistérios também o foram por rituais misteriosos.

Sim, os mistérios foram lentamente sendo ocultados. E o que era comum e livre passou a ser encoberto por coisas misteriosas.

Assim como aconteceu com os outros pontos de força da Natureza, o oráculo passou a ser oculto.

Então, o oráculo passou a ser cultuado e invocado por uns poucos que conheciam os seus mistérios.

Sim, eu tenho os mistérios que são comuns aos outros pontos de força da Natureza.

E é minha função propagar os mistérios em sua forma original, sem muitas explicações, pois tudo o que é muito explicado acaba sendo complicado.

Sim, o oráculo tem de ser simples e conciso; do contrário, torna-se misterioso.

E de coisas misteriosas o ente humano já está cansado.

No princípio, o oráculo era consultado de uma forma muito comum.

Pessoas com o dom eram portadoras do poder de emitir oráculos. Bastava que se preparassem de forma adequada e o oráculo respondia-lhes as mais variadas indagações.

Isso há milênios; mais ou menos vinte e um mil anos atrás.

Mas houve um período em que um povo destacou-se sobre todos os outros. Impôs suas leis e seu modo de cultuar o Criador.

Não cultuava a Natureza e seus mistérios. Muito pelo contrário, ocultava a natureza e envolvia-a em coisas misteriosas.

Sim, foi um período em que as forças negativas expandiram-se com uma força desmesurada.

Há dezenove mil anos, essas pessoas já estavam espalhadas por todo o planeta Terra. Os símbolos que traziam se espalharam por todos os cantos.

Eram regidas por uma hierarquia rígida. Eu ainda me lembro dela. Vou mostrá-la para que a conheçam em sua totalidade.

1º) Eram os magos que conheciam todos os mistérios da criação da vida.

2º) Eram os sábios que esquematizavam e passavam-nos aos sacerdotes.

3º) Eram os sacerdotes que realizavam o culto à divindade.

4º) Eram os iniciados que cuidavam da aplicação dos mistérios, sendo seus guardiões.

5º) Eram os mestres que ensinavam os mistérios às pessoas.

Sim, tudo era perfeito. O sistema funcionava a contento. Mas como tudo tem o seu limite de duração, a hierarquia desfez-se com os choques internos.

Os iniciados, como guardiões dos pontos de força da Natureza, sabiam os mistérios das trevas e usaram-nos para se impor. Foi nesse tempo que o planeta sofreu o seu grande cisma quanto ao modo de cultuar a Natureza.

O que era comum e acessível a todos estava, nesse tempo, contido em uma hierarquia.

O cisma só contribuiu para ocultar ainda mais os mistérios, já envolvidos em coisas misteriosas.

As lutas religiosas tomaram corpo, e as forças da Natureza desarmonizaram-se.

Enquanto uns cultuavam a luz, outros cultuavam os mistérios das trevas. Os choques eram medonhos.

Não havia limites para a ambição. O ente humano degradou-se ao ponto máximo.

Os oráculos, quando consultados, emitiam as suas palavras de uma forma misteriosa, pois estavam usando o dom ancestral místico do oráculo para melhor atingirem o semelhante.

E mais e mais foram sendo ocultados, até que não mais conheciam os oráculos.

Só a magia tinha valor, e a magia negra muito mais.

Foi nesse tempo que os elementos revoltaram-se.

A Natureza desequilibrou-se; os grandes entes das trevas tinham sido invocados nessa luta e reinavam em muitos pontos da Terra.

O Criador sacudiu o ente humano em sua imponência e soberba.

O planeta Terra foi abalado por cismas geológicos. Catástrofes horríveis abateram-se sobre toda a humanidade.

Continentes inteiros desapareceram. Povos dividiram-se. Foram 666 anos de horrores. É por isso que até hoje dizem que este é o número da besta. Sim, foi a libertação do ente infernal que trouxe o castigo da lei.

A luz não castiga, ela só abandona o ente humano e aí as trevas tomam conta.

Isto se passou há quatorze mil anos. Tudo se fragmentou. Os sete símbolos ficaram ocultos ao ente humano. Essa foi a forma que alguns encontraram para protegê-los das imperfeições do ente humano.

Sim, o ente humano, quando os tinha com todos os seus mistérios, não soube usá-los em benefício de sua própria evolução. Agora estavam ocultos para todo o sempre.

Sua queda provocou isso.

Essa era ficou marcada no mental de todos os espíritos, tanto dos encarnados como dos desencarnados.

Aí se explica o mito do dilúvio.

Foi um oráculo emitido pelo Divino Criador.

Ei-lo: "Já que o ente humano perdeu-me e de mim afastou-se, então que se perca e passe a me procurar por toda a eternidade".

Essa busca tem sido interminável.

Como sei de tudo isso?

É que eu sou o gênio do Oráculo de Delfos.

Sim, isto eu sou. Fui oculto pelos iniciados, dominado pelos magos, exorcizado pelos sacerdotes que me estigmatizaram. Somente os sábios e os mestres mantiveram-me vivo.

Os magos dominaram-me para que o saber sagrado não voltasse a se perder com um segundo erro do ente humano. E os iniciados ocultaram-me, porque isso lhes interessava.

Quanto aos sacerdotes, estes não podiam aceitar que um ser comum pudesse ter contato com um dom ancestral místico, pois assim perderiam sua função e seu poder.

E os oráculos foram sendo calados um a um e só alguns mantidos pelos iniciados.

Esses os vigiavam com muito medo. Eram criteriosos nas consultas. Envolveram os oráculos com os mistérios para que só uns poucos tivessem o poder de emitir oráculos.

Isso fez com que só sete restassem. A Natureza estava sendo oculta do ente humano.

Nas regiões em que permaneceu o culto à natureza, o oráculo foi mantido; nas outras, foi perseguido como uma forma de calar a voz da Terra.

Sim, a Terra tem sua alma. Ela vibra e se mostra ao ente humano na Natureza.

Eu, o Oráculo de Delfos, fiquei oculto por muito tempo.

Só um grupo de iniciados guardava os meus mistérios. Ali tudo era muito oculto.

Alguns ficaram acessíveis a muitos, mas o meu ponto de força não. Ele era muito bem guardado.

A maioria dos oráculos desaparece da Natureza, ou foi substituída por outros mistérios do dom ancestral místico oracular, ou seja, mudaram as formas de serem consultados e compreendidos.

Após o grande cisma, povos recomeçaram tudo novamente. Estavam reduzidos a nada.

Perderam a Ciência, todo o saber estava oculto.

Os mestres faziam, mas não ensinavam.

Os iniciados guardavam os mistérios e não os revelavam mais.

Quanto aos magos, dedicaram-se a combater os entes infernais que haviam sido invocados.

O bem e o mal, a luz e as trevas já lutavam de igual para igual. Cada um tinha seus adeptos.

O bem tinha os seus, mas o mal também os tinha.

O ente humano caiu ante os olhos impenetráveis do Divino Criador.

Sua luta só estava começando. E seria eterna.

Quanto a mim, o gênio que habitava o ponto de força da Natureza no lugar em que, no futuro, chamar-se-ia Delfos, contemplava tudo em silêncio.

Só saía do meu silêncio quando o dom ancestral místico era consultado. Emitia o oráculo sobre a questão posta e nada mais.

Eu não havia morrido. Só aguardava o momento de ter o meu esplendor restabelecido.

Isso eu sabia, pois possuo o dom das sete visões. Nada fica oculto às minhas visões.

Há treze mil anos, eu tive o maior guardião de todos os que por lá haviam passado.

Meon era seu nome.

Sim, eu guardo seu nome até hoje e jamais o esquecerei.

Meon era a reencarnação do grande Iniciado no culto à Natureza e grande mago do ar, Larrim Bahor.

Isso eu sabia. E sabia que voltaria a ter meu esplendor restabelecido.

Não seria como antes, pois nada é igual ao anterior, mas que seria novamente grande, eu sabia.

Meon foi introduzido nos mistérios do oráculo quando foi com seu pai tirar um oráculo.

O que seu pai queria saber não importa muito, mas eu vou contar.

Queria saber o porquê de o filho ver o que os outros não viam.

Sua visão alcançava o mundo sobrenatural; e ia além, via o futuro em visões durante o sono.

Quando Meon entrou no recinto sagrado, as sacerdotisas caíram em êxtase. Chegava o grande Iniciado que iria mudar o rumo do Oráculo de Delfos.

Isso eu já sabia.

O dom oracular ia expandir-se novamente.

Meon foi convidado a ficar no santuário do oráculo. Eu o envolvi por completo. Tinha alguém à altura para voltar a brilhar.

Meon foi sendo iniciado nos mistérios do dom ancestral místico oracular.

Criou, com o tempo, um corpo de sacerdotisas do mais alto nível.

Sua fama espalhou-se por toda a região, e chegou até outros povos.

Meon brilhava, e o gênio que habitava o ponto de força também.

A fama expandiu-se. Em trinta anos, todos já conheciam o Oráculo de Delfos. Nessa época, ainda não tinha esse nome.

Passou a ser chamado de Oráculo de Meon, o grande Iniciado.

As oferendas ao oráculo cresciam dia a dia. Todos recorriam às suas sacerdotisas para consultas.

Queriam saber algo a respeito de tudo o que os envolvia.

Meon revitalizou os outros pontos propícios à manifestação oracular. Surgiram com esplendor outros oráculos que estavam ocultos aos iniciados. Sim, Meon era grande. Seu poder era inigualável.

Mesmo os outros oráculos reconheciam seu poder e o respeitavam como o mais poderoso e mais sábio dos iniciados nos mistérios do oráculo.

Quando os oráculos foram ativados e resplandeciam em todo o seu poder, Meon recriou a Iniciação ao Ritual da Natureza.

Sim, com isso trazia de volta uma maneira de se reverenciar à Divindade Criadora na sua sua forma mais pura e sábia.

O culto à Divindade Criadora espalhou-se por todo o continente. Os iniciados saíam às centenas do templo do oráculo. Meon sabia como divulgar os mistérios sagrados. Purificara-os das coisas misteriosas que impediam o povo de compreendê-los.

E o culto à Natureza foi restabelecido na região mediterrânea. Não havia, no culto à Natureza, sacrifícios de entes humanos. Os cultos que restaram após o grande cisma estavam eivados de coisas misteriosas. Neles imperavam os mistérios negros.

Tudo era misterioso e sanguinário. O ente humano havia sido entregue à barbárie e à miséria.

O Criador lançara seu oráculo fatal.

O ente humano foi reduzido ao nada. O Divino Criador só deixou seus mistérios a um reduzido número de pessoas, e estas os guardavam com muito cuidado. Temiam afrontar mais uma vez a Divindade Criadora.

Quanto a Meon, criou todo um ritual limpo das coisas misteriosas. Quando contava com 50 anos de idade, lançou os templos às divindades da Natureza. Onde havia grande concentração de entes humanos, foi erigido um templo do culto à Divindade nos pontos de força da Natureza.

Na região em que hoje se localizam a Grécia atual, a Bulgária, a Romênia e a Península Itálica, reinava absoluto o culto à Natureza.

Dessa região, alastrou-se ao continente europeu. Até o Cáucaso foi atingido por essa irradiação de purificação. Quanto à Ásia, esta manteve uma parcela do saber antigo, e também tinha sido devastada por grandes cataclismos durante o cisma.

Sim, lá os mistérios tomaram a forma familiar. O ancestral místico foi a forma de culto que prevaleceu, e com o tempo predominou por toda a região asiática. O povo que restou sobre a Terra diferenciou-se dos demais pelo ritual.

Em todos os lugares, restou um pouco do conhecimento dos mistérios. Os fundamentos já não estavam mais escritos nem eram mais conhecidos em seu todo. Só fragmentos sobraram. Isso foi o que restou do grande cisma que adveio após a emissão do oráculo do Divino Criador.

Quanto a Meon, viveu por 107 anos.

Durante esse período, os oráculos atingiram o apogeu. O ritual do culto à Natureza transformou a região onde se localiza a Grécia atual em um lugar digno para o ente humano viver.

Mas o seu esplendor atraiu a cobiça de outros povos.

E setecentos anos após a morte de Meon, o grande Iniciado, o culto à Natureza sofreu novo golpe. Exércitos começaram a invadir a terra dos oráculos. Vinham movidos pela ganância do poder.

A barbárie tomou conta da região. Os nativos foram transformados em escravos, e os mistérios perderam-se com a miscigenação de povos.

A tudo eu contemplei em silêncio.

Aqueles que vinham com a força não tinham o saber, só a força. Eram movidos pelos mistérios das trevas.

Sim, que poder têm as trevas! É o poder que destrói o saber onde quer que ele exista.

Sua força é seu instrumento. Não conquista pelas idéias, impõe-se pelo medo e mais uma vez os mistérios foram envolvidos por coisas misteriosas. Os rituais sangrentos impuseram-se.

O sangue humano voltou a ser motivo de oferenda às entidades infernais.

As trevas reinaram absolutas por milênios na região dos oráculos.

Sim, a tudo eu contemplei e contemplo em silêncio. De nada adianta falar, o ente humano é um ser incontrolável.

Sua força é sua fraqueza. Quanto mais forte, mais fácil de se degenerar.

A grande noite escura durou dois mil anos. Nessa época, novas calamidades abateram-se sobre o planeta Terra.

O grande sol circulante do Universo completou o oráculo do Divino Criador.

De tudo eu sabia e o futuro eu via. Mas estava em silêncio.

Sim, tudo eu sei. Só que o silêncio encobre tudo; e eu contemplo tudo em silêncio.

Mas após a passagem do grande sol, eu estava calado. Ninguém mais consultava o oráculo.

Delfos, a terra do oráculo de Meon, já não existia mais.

Mas quando tudo parece perdido, eis que a lei o revive.

Sim, o ente humano pode fazer o que quiser, mas a Natureza tem os guardiões dos seus pontos de força e, no tempo certo, revive-os no ente humano.

Foi o que aconteceu com os rituais do culto à Natureza.

Foram surgindo lentamente por todo o globo terrestre. Sim, o ente humano recebe, de tempos em tempos, grandes levas de espíritos, oriundos de outros planetas, que aqui vêm estagiar. Isso reativa o culto à Natureza, pois essa é a melhor forma de se reverenciar o Criador Divino.

E surgiu um ser encantador no ponto de força do Oráculo de Delfos.

Capítulo 2

Neema — A História da Grande Pitonisa de Delfos

Neema nasceu em uma aldeia próxima ao oráculo.

Do meu ponto de força, eu observava o seu crescimento.

Já conhecia seu ancestral místico. Este eu conhecia.

Neema começou a ser atraída pelo gênio do oráculo.

Sim, eu, o oráculo, a atraía.

Cada dia mais, a Grande Píton envolvia Neema.

Eu me mostrava em sonhos a ela. Tinha de encantá-la; só assim eu tornaria a emitir oráculos do meu ponto de força da Natureza.

Neema já havia sido sacerdotisa do oráculo no tempo de Meon, o grande Iniciado.

E logo Neema foi aproximando-se do meu ponto de força.

Nesse tempo, sua família mudou-se para bem perto do meu ponto de força.

E Neema logo me descobriu. Sim, ela conheceu o gênio do oráculo. Eu me mostrei em sonho a Neema.

Isso atiçou sua curiosidade. Seu ponto fraco foi tocado.

Ela foi até meu ponto de força e conheceu os mistérios do oráculo. Eu me revelei a Neema em todo o meu saber e mistérios.

Os meus mistérios encantaram-na de tal forma que logo ficou famosa com o seu saber e seu poder de emitir oráculos.

Eu a tinha encantado, mas sofria seu encantamento também. Como Neema era bela!

Com 13 anos, ela já emitia oráculos; aos 18, já tinha o seu templo no meu ponto de força.

Eu, o oráculo de Meon, renascia e novamente emitia oráculos.

Sim, eu não havia morrido. Um gênio da Natureza não morre, só adormece até que a lei o acorde.

Por isso eu estou vivo. Sim, e como estou vivo!

Neema revivia-me com o seu dom oracular.

Sua fama como pitonisa espalhava-se com uma rapidez espantosa.

O oráculo mostrava sua força. Os oráculos emitidos eram precisos.

Todos ficavam satisfeitos com suas respostas.

Sim, Neema tinha como ancestral místico o dom da incorporação oracular.

Ela possuía o seu gênio do ar, e este a encantava.

E eu, o gênio do oráculo de Meon, já tinha meu ponto de força na Natureza emitindo os meus oráculos certeiros.

Neema encantava-se cada vez mais comigo. Minha precisão tornava-a famosa e poderosa.

As consultas multiplicavam-se, e a pitonisa precisava de mais alguém para a auxiliar.

Eis os pensamentos de Neema:

— Como atender a tantos sem me desgastar ao extremo?

E Neema tirou o seu primeiro oráculo pessoal:

— Gênio do oráculo, como passar o dom de emitir o oráculo a outros?

E o oráculo lhe respondeu:

— Só conhecendo os mistérios sagrados.

Mas como conhecer os mistérios? Novo pedido ao gênio do oráculo:

— Como conhecer os mistérios, gênio do oráculo?

Nova resposta:

— Invoque Meon, e os mistérios se revelarão.

Novas indagações de Neema:

Quem seria Meon? Onde o encontrar?

Neema enviou seus mensageiros à procura de Meon.

Ninguém, em lugar nenhum, conhecia Meon, o Iniciado.

O tempo passou e onze meses após o oráculo, surgiu no templo de Neema um velho arqueado trazendo uma boa notícia à pitonisa. Foi levado à frente da sacerdotisa o gênio do oráculo.

— Quem é o senhor? Por acaso é Meon, por quem tanto procuro?

— Não, eu não sou Meon. Sou um simples mortal e Meon é imortal.

— Mas como? Meon não existe?

Sim, Meon existe, só que não fisicamente. Ele, um dia, foi o grande Iniciado que deu força e fama ao gênio do oráculo.

— E como posso falar com Meon?

— Eu posso fazer com que Meon se mostre a você, se me ajudar.

— Então me mostre Meon e eu o ajudarei no que precisar. Poder eu possuo, e riquezas, também. Peça o que quiser.

— O que eu quero não é poder ou riqueza. Eu quero é ajudar a divulgar os mistérios que Meon revelar.

— Mas se o Senhor revelar os mistérios, então eu não terei o poder guardado no meu templo.

— Não se preocupe com isso, pois o seu templo só comporta um mistério, e não todos.

— Conte-me a respeito dos mistérios, ancião.

— Bem, mas é uma longa história a ser contada. Não lhe posso falar dela em um só dia, Neema.

— Eu não tenho pressa, ancião.

— Pois então vou falar-lhe como eu encontrei Meon.

— Um dia, isso há setenta anos, eu, ainda criança, tive uma visão. Um espírito mostrou-se a mim. Era todo luminoso. Sim, como foi bela aquela visão. Fiquei fascinado por ela. A luz do espírito ofuscava a minha visão. Ele ficou parado à minha frente sem nada dizer. Não me recordo do tempo que isso durou. Do que me recordo é que minha mãe ficou brava comigo quando voltei com a água que tinha ido buscar na fonte. Retornei a ela, no dia seguinte, para apanhar água novamente e, mais uma vez, o espírito mostrou-se a mim, Só que desta vez eu não tive medo. Ele sorriu para mim; retribuí o sorriso.

Estava selada nossa amizade. Depois de algum tempo observando-me, o espírito sumiu. Fiquei decepcionado, pois não me falou nada. Voltei triste para casa. Minha mãe, notando minha tristeza, indagou qual o motivo. Não lhe respondi nada, só caí em um pranto sentido. Não poderia dizer naquele momento o que eu vira e como estava me sentindo. Minha mãe achou que eu não queria mais apanhar água para ela, e, no dia seguinte, não me mandou à fonte; foi pessoalmente. Quando voltou, vi seus olhos vermelhos. Tinha chorado. Perguntei-lhe por que estava triste. E, como havia acontecido comigo, ela caiu no choro. Eu ainda era criança, mas percebi que era por causa do espírito da fonte. Após um longo tempo, ela conseguiu falar:

"Filho, eu vi um espírito na fonte". "Eu também o vi, mamãe". "E ele falou com você?" "Não, só que ontem, ele sorriu para mim". "Eu falei com ele, filho".

Minha curiosidade era incontida, e, quase gritando, indaguei-lhe do que ele falara.

"Ele o quer, filho. Disse-me que você é o instrumento dele, que você lhe pertence".

Fiquei assustado. Como um espírito podia achar que eu lhe pertencia?

"E o que mais ele falou, mamãe?", minha curiosidade suplantava meu medo.

"Ele quer que você volte à fonte amanhã!"

"O que será que ele quer comigo, mamãe?"

"Não sei, filho, tenho medo de que ele o leve embora. Você não vai mais lá. Nunca mais!"

Eu nada falei, minha mente tentava entender o porquê de um espírito querer a mim. Será que ele ia me matar? Sim, havia aldeias que faziam sacrifícios de pessoas aos deuses. Será que ele queria o meu sacrifício?

À noite não conseguia dormir, tal o medo.

Já era noite alta quando adormeci. E sonhei que ia até a fonte. Lá encontrava o espírito.

Só que ele não estava sozinho; junto dele estavam muitos outros. Todos iguais a ele.

Eu sabia que era noite, mas tudo estava iluminado. Era a luz deles que fazia a noite parecer dia claro.

Eu não sentia medo, só curiosidade. Foi quando o espírito da fonte olhou para mim e chamou-me.

— Venha, criança, não tenha medo, somos seus amigos. Não lhe queremos fazer mal algum.

Eu me aproximei, e o medo desaparecera por completo.

— Não tenha medo, criança, somos todos amigos seus e eu sou Meon.

E, um a um, eles foram apresentando-se a mim.

Havia entre eles mulheres e crianças. Sim, crianças como eu, só que luminosas. Foi quando lhe perguntei:

— O que o Senhor quer de mim?

— Eu não quero tirar nada de você, criança. Eu só quero dar-lhe o maior tesouro do mundo, nada mais.

E ficou a observar meus pensamentos. Isto, hoje eu sei que ele fez!

Sim, eu pensava que tesouro seria esse. Poderiam ser muitas riquezas. Quem sabe? Nós sempre ouvíamos dizer que os deuses são donos de grandes tesouros, e, quem sabe, aquele não me ia dar um?

É, mas o que eu faria com um tesouro? Teria de ocultá-lo de todos; se não, eles me roubariam.

Mas também poderiam matar-me para se apossarem do tesouro. Não, isso eu não queria. E como eu não tinha pai vivo, nem irmãos, só tinha mãe, para que um tesouro?

Minha mente tentava achar uma utilidade para o tesouro.

Não achava nenhuma. Tudo o que eu imaginava não me servia. O tesouro teria de ser oculto até que eu crescesse. Aí, sim, eu saberia o que fazer com ele.

Quando saí de minha abstração, vi que ele sorria.

Senti vergonha de mim. Sim, se eram deuses, deviam ter ouvido meus pensamentos.

Então, fui interrompido pelo espírito da fonte.

— Não pense criança, só ouça. O tesouro que temos guardado é de tal grandeza que você poderá dar um pouco a todos os que vierem à sua frente por toda a sua vida e, ainda assim, ao morrer, você só terá aumentado o seu valor.

— Mas que tesouro é esse, deus Meon? — perguntei com minha ignorância.

— Primeiro, eu não sou deus Meon. Sou o espírito Meon, está bem?

— Sim, espírito Meon. Mas que tesouro é esse?

— É o saber que pertence aos deuses, criança.

— E como eu posso ser dono dele, espírito Meon, e também como vou distribuí-lo com todos e ainda aumentá-lo? É muito difícil entender isso.

— Venha amanhã à fonte e eu lhe mostrarei o tesouro e como distribuí-lo e, ainda assim, fazer com que ele cresça.

Então eu acordei e me estava sentindo calmo. Sim, como eu estava leve! Disso eu me lembro bem.

E o ancião ficou pensativo.

Neema, a sacerdotisa do gênio, não se conteve.

— Vamos, ancião, continue com sua história. Eu estou curiosa demais para o senhor parar agora.

— Calma, sacerdotisa, eu já não sou um jovem. Estou vagando pela terra há setenta anos e estou cansado. Amanhã eu continuo minha história.

— Mas vou ter de esperar até amanhã para ouvi-lo falar do espírito da fonte, ancião?

— Sim, minha jovem, eu também tive de esperar. E olhe que eu tinha visto o espírito Meon e você só está ouvindo falar dele.

— Somente o estou ouvindo falar dele, mas posso sentir e até mesmo imaginar como é ele.

— Pois então aguarde até amanhã, sacerdotisa Neema. Amanhã conhecerá o tesouro de Meon, porque hoje estou cansado e preciso alimentar-me, pois há dias que não como nada de bom.

— Oh, desculpe-me, ancião. Esqueci das boas maneiras. Vou mandar servir-lhe uma boa refeição e preparar um quarto para que possa descansar.

Logo, ao ancião estava sendo servido um saboroso jantar.

Neema observava-o enquanto ele comia. O ancião tinha um sorriso imperceptível de satisfação.

A pitonisa do gênio do oráculo estava encantada com o modo de ser do ancião.

Sim, ele também tinha uma luz envolvente.

Mas qual seria o seu tesouro? Se era imenso, e podia ser distribuído, pois nunca acabava, só aumentava, por que ele não tinha nada de valor? Cobria-se com uma pele já gasta pelo tempo e ainda estava faminto.

Que tesouro seria?

Era um oráculo. Sim, era um oráculo dos mais enigmáticos.

E foi tentando decifrá-lo que adormeceu.

Sim, ela, a pitonisa do oráculo, Neema, a sua sacerdotisa não conseguia decifrá-lo.

Melhor esperar pela história do ancião.

Capítulo 3

A HISTÓRIA DO ANCIÃO

Logo amanheceu, e Neema foi cuidar dos seus afazeres. O templo estava cheio, todos ansiavam por receber o seu oráculo.

Naquele dia, Neema foi mais rápida que nunca nos oráculos emitidos. Sim, como ela estava com pressa!

E eu, o gênio do oráculo, ajudava-a com as respostas rápidas e precisas. Também tinha curiosidade para ver como Neema reagiria à história do ancião.

Quando terminaram os oráculos, Neema estava exausta, mas, ao contrário dos outros dias, não foi dormir. Preferiu falar com o ancião.

Quando procurou por ele e não o encontrou, ficou assustada. Será que havia ido embora?

Só ao entardecer, o ancião retornou ao templo do oráculo. Foi interpelado com rispidez por Neema.

— Por que não me avisou que ia sair do templo, ancião?

— Ora essa! Por acaso sou seu prisioneiro, Neema?

— Não, não é isso que eu quis dizer, ancião. Só pensei que tinha partido sem me contar sua história e revelar-me os mistérios.

— Não farei isso, Neema, apesar de pressentir que não deveria ter vindo ao seu encontro.

— Por que diz isso, ancião?

— É que, enquanto você emitia os oráculos, eu vi o gênio dos oráculos e senti um arrepio percorrer meu corpo de alto a baixo. Para mim, é sinal de perigo, Neema.

— Mas eu não quero o seu mal; apenas quero conhecer os mistérios do Iniciado Meon. Nada mais, ancião.

— Pois então você vai fazer-me um juramento, Neema.

— Por que tenho de jurar?

— É que, se eu vier a morrer, você vai cumprir o que jurar; se não, os próprios mistérios a eliminarão.

Neema ficou pálida. Assustou-se com o perigo com que o ancião a ameaçava. Pensou um pouco, e depois perguntou:

— Qual juramento tenho de fazer?

— Você terá de jurar que tudo o que eu lhe revelar ficará em segredo. E caso eu venha a morrer, você espalhará os mistérios de forma alegórica por toda esta região.

— Mas por que de forma alegórica, ancião?

— Os mistérios estão ocultos pelo véu do tempo e o povo não está preparado para receber suas revelações de forma clara, só oculta. Por isso, a alegoria.

— Compreendo. Eu juro que o farei, ancião.

— Não é o juramento simples que você terá de fazer. Esse será feito na presença dos próprios guardiões dos mistérios da Natureza. Só então você os conhecerá e, se falhar no seu juramento, eles a castigarão.

— Eu o farei, ancião. Agora, continue sua história; estou curiosa demais por ouvi-la.

— Só continuarei após seu juramento, Neema.

— E quando farei meu juramento?

— Se quiser, podemos ir a um lugar que eu fui procurar durante o dia. Foi por isso que eu saí do seu templo. Não iria embora sem lhe dar satisfações, mas também não continuarei sem o seu juramento.

— Eu já disse que jurarei, ancião.

— Sim, você já disse. Sua curiosidade é maior que sua cautela. Por isso eu a temo, Neema.

— Mas eu já lhe disse que não lhe farei mal algum, não?

— Sim, mas novamente eu senti o arrepio, de alto a baixo, no meu velho corpo.

— É só algo que o incomoda, ancião. Não é a mim que tem de temer, pois vou fazer um juramento que poderá destruir-me, se eu falhar. Não é assim que vai ser?

— Sim, é assim, mas acho que algo me assusta em tudo isso.

— É só cisma sua em revelar os mistérios a alguém.

— Não, não é; os mistérios eu já os revelei a outro e não temi nada, mas com você eu sinto um temor estranho.

— Bobagem sua, ancião. Vamos comer um pouco e depois iremos ao lugar que escolheu para a cerimônia do juramento.

Comeram um pouco e partiram para o lugar escolhido pelo ancião. Sim, Neema ia conhecer os mistérios de Meon, o Iniciado. Só não sabia o preço que teria de pagar. Ia ser o preço mais alto que alguém pode pagar.

Quando chegaram ao local, o ancião mandou que ela se sentasse em um canto enquanto ele fazia os preparativos.

Algum tempo depois, chamou-a para perto de si, e só então invocou os 21 guardiões dos mistérios.

Era possível sentir suas presenças no ar.

E eu, o gênio do oráculo, o dom ancestral místico do ar, a tudo assistia em silêncio. Ah! Isto eu já havia contemplado tantas vezes em silêncio. E em todas acontecia o mesmo! Quem via os guardiões dos mistérios ficava encantado para toda a eternidade, e Neema já era uma encantada do gênio do oráculo.

Sim, isso eu queria ver. Como agiria a reencarnação da guardiã dos mistérios dos encantos como Neema, a pitonisa?

Sim, a isso eu queria assistir. Ela não sabia, mas eu conhecia todas as suas encarnações anteriores.

Neema, a reencarnação de Adgerânamur, a princesa dos encantos, ia estar frente a frente com os 21 guardiões dos mistérios sagrados.

E qual não foi sua surpresa, quando o ancião tornou visível a ela os 21 guardiões.

Neema assustou-se, seu coração acelerou as batidas. Até ela, a pitonisa, se assustaria com tal visão.

Não, o gênio do oráculo não se assusta com os 21 guardiões, pois o dom do oráculo é um dos mistérios velados pelos 21 guardiões.

Um a um, foram todos apresentados a Neema.

E a todos Neema era apresentada.

Mas eles já a conheciam. E isso eles lhe lembraram.

Após a apresentação, o ancião fez-lhe jurar ante os 21 guardiões que cumpriria sua palavra de espalhar os mistérios de forma alegórica.

Feito o juramento, um a um, foram desaparecendo os guardiões.

Estava feito o envolvimento de Neema. O que eu, o gênio do oráculo, havia começado, os guardiões dos mistérios completavam.

Como? Querem saber como é o juramento?

Impossível, pois é um mistério. E como tal, absorve a quem o faz.

Os que o conhecem, dele não falam. E os que falam dele é porque não o conhecem.

Um mistério é um mistério e se encerra em si mesmo de forma hermética. Para decifrá-lo, tem de penetrar em seu interior. E quem o penetra não mostra o que descobriu. Mas voltemos à história de Neema e o ancião.

— Pronto, ancião, já fiz o juramento. Já não vai mais se preocupar com minha indiscrição em realação à sua história. E eu quero conhecê-la e também a Meon, o iniciado.

— Vamos voltar ao santuário do oráculo, Neema. Lá eu lhe contarei o restante de minha história.

Um pouco mais tarde, já no santuário, o ancião continuou:

— Eu fiquei o resto da noite acordado, o sonho era real demais para ser só um sonho. O sol despontou no horizonte, e mamãe acordou. Ao me ver sentado na cama, indagou o porquê disso. Logo eu, que acordava tarde todos os dias.

"Mamãe, eu estive na fonte esta noite."

"Como? Você foi até lá, filho? Como teve coragem?"

"Calma, mamãe, foi durante o meu sono. Eu vi o espírito da fonte, ele se chama Meon. Eu conversei com ele."

"Como foi isso, filho?"

"Não sei como; fui até lá, só que não senti medo dele."

"E o que ele lhe falou, filho?"

"Disse-me que vai me dar um tesouro, um grande tesouro, e quanto mais eu distribuir aos outros o tesouro, mais ele crescerá. Não é ótimo, mamãe? Vamos ficar ricos e você não vai precisar trabalhar mais. Nunca mais, mamãe."

"É muito estranho tudo isso, filho. Será que ele não quer enganá-lo com essa oferta?"

"Ah, mamãe, não. Ele me parece sincero. E disse-me que não quer o meu mal. Só quer ajudar-me."

"Acho tudo isso muito estranho."

"Pois eu não, mamãe. Vou logo mais até lá. Vou ver o tesouro dele. Vai ser todo meu."

"Você não deve ir, filho, pode ser perigoso."

"Ora, mamãe. Eu já o vi duas vezes lá na fonte. A senhora também o viu. Se ele quisesse fazer-me mal, já o teria feito, não acha?"

"Sim, isto é verdade. Mas eu irei junto com você para ter certeza de que nada lhe acontecerá."

"Está bom, vamos então."

"Primeiro vamos nos alimentar, então iremos ver o seu tesouro, filho."

Logo, eu e mamãe estávamos indo para a fonte. Quando lá chegamos, não vimos ninguém.

O espírito da fonte não estava lá. Ficamos um bom tempo e ninguém apareceu.

"Vamos para casa, filho. Acho que nós fomos enganados. Não há ninguém nem tesouro nenhum."

"O que será que aconteceu com o espírito da fonte, mamãe?"

Eu estava decepcionado.

"Talvez fosse só um zombeteiro brincando conosco, filho. Já ouvi muitas histórias de pessoas que foram enganadas por eles. Até já lhe contei algumas, não se lembra delas?"

"Sim, eu me lembro bem delas. Ah! São só histórias mesmo!"

Nessa minha frase, eu tentava ocultar minha decepção. Não tinha mais meu espírito da fonte nem meu tesouro. Estava triste mesmo.

Minha mãe, vendo o meu desapontamento, brincou:

"Filho, já pensou se você ganhasse um tesouro? O que faria com ele?"

"Não sei, mamãe."

"Então, é melhor não ganhar tesouro algum, não acha?"

"E por que não ganhar?"

"Um tolo que não sabe o que fazer com um tesouro não merece ganhá-lo!"

E deu um sorriso após essas palavras. Eu também sorri. Sim, para que um tesouro, se não ia saber o que fazer com ele?

Mas, apesar de tudo, eu estava triste. Perdera meu tempo com um espírito da fonte. Todos diziam que nas fontes havia espíritos. Só que eu tinha certeza disso agora. Havia sido enganado por um deles.

À tarde, mamãe mandou-me apanhar água, pois, quando fomos até lá de manhã, pensávamos em apanhar um tesouro e não água.

Quando cheguei à fonte e já enchia o vaso com água, uma voz chamou-me:

— Como vai, criança?

Era Meon, o espírito da fonte novamente.

— O que faz aqui, espírito da fonte? Quer enganar-me novamente?

— Como enganá-lo, criança? Eu só cheguei aqui há pouco.

— Eu vim com mamãe, hoje cedo, e não o vimos e nem ao seu tesouro.

— Pois eu estou dizendo que só cheguei há pouco. Pensei que você viria no horário de sempre.

— Eh! Eu estava curioso para ver o seu tesouro, espírito Meon, e mamãe também queria vê-lo. Onde está seu tesouro? Eu só estou vendo você e nada mais.

— Venha cá, criança, e sente-se à minha frente. Vamos conversar um pouco.

Para quê? Quer enganar-me de novo?

Mas eu não o enganei, criança. Você é que foi precipitado, não acha?

— É, pode ser. Mas é bom que não me iluda mais.

— Não vou iludi-lo mais, pois isso eu nunca fiz a ninguém. Vamos, sente-se, criança.

Eu me sentei diante de Meon, o espírito da fonte. Ia ouvi-lo.

— Diga-me, criança: se alguém está muito doente, qual seria o maior tesouro para ele naquele momento?

— A saúde, penso eu.

— E se estiver com muita fome?

— O alimento, não?

— E se estiver com muita sede?

— A água seria o maior tesouro.

— E se fosse um cego?

— A visão, espírito Meon.

— E se não pudesse falar; e se fosse um mudo?

— Ter o dom da voz, penso eu.

— E se nada soubesse, qual seria seu maior tesouro?

— Poder aprender, espírito Meon.

Após essas rápidas perguntas, o espírito da fonte ficou em silêncio. Eu também me calei.

Depois de algum tempo, hoje eu sei disso, ele me perguntou:

— O que é um grande tesouro, criança?

— É ser perfeito no corpo e ter à mão o que realmente precisa, não é, espírito Meon?

— Sim, minha criança. O maior tesouro é ser perfeito e ter à mão o que realmente precisa. Você acertou em todas as respostas, criança. É dono de um grande tesouro e não sabe disso.

— Como? Eu sou dono de um tesouro?

— Sim, você tem saúde, é bem alimentado, tem uma fonte só sua, vê melhor que ninguém, pode falar muito bem, sabe aprender tudo o que é necessário e, ainda, anda, coisa que eu não lhe perguntei."

— Eh! Eu esperava que me fosse perguntar qual seria o maior tesouro de um aleijado."

— Vê, como você é rico e não sabe, criança?

— Mas isso todos possuem e não são ricos, espírito Meon.

— Não são ricos porque não olham o verdadeiro valor das coisas. Mas você sabe que são tesouros, não é verdade?

— Mas isso é só do corpo. E quanto às riquezas dos chefes das aldeias, o que me diz?

— Acaso eles podem comer ouro, criança?

— Não.

— E grandes campos, podem eles comer?

— Não.

— E toda a água da fonte, podem beber?

— Não.

— E todo o alimento que a terra pode dar?

— Também não, espírito Meon.

— Então isso não é riqueza, não é verdade?

— É... Acho que não sei.

— Vá levar a água para sua mãe, se não ela vai ficar preocupada com você. Pense no que falamos hoje e amanhã eu aguardo sua resposta, criança. Pense bem o que é um tesouro e o que não é. Só depois me dará a resposta.

— Está bem, espírito Meon. Até amanhã.

— Até amanhã, criança!

Eu apanhei o meu cântaro com água e fui para casa. Já estava longe da fonte, quando me virei para ver se Meon, o espírito da fonte, ainda estava lá. Sim, ele estava, e junto dele os seus amigos. Como eu não os vira antes?

Quando cheguei a casa, contei tudo à mamãe, palavra por palavra.

Após eu falar, ela comentou que ele estava certo. Riqueza eram essas coisas. O que nós julgávamos riqueza, na verdade, é poder e não riqueza.

Alguém pode ter muito ouro; mas, se não tiver saúde, não possui nada.

Pode ter muitas terras, mas, se não puder comê-las, não possui nada, pois um dia ele morre e outro fica sendo o dono delas.

O verdadeiro tesouro é aquilo que realmente nos faz falta. Isso, sim, é um grande tesouro.

Foi pensando nisso que adormeci. Eu já possuía a minha resposta para o espírito da fonte.

No dia seguinte, eu a daria.

O ancião ficou pensativo. À mente lhe vinham os detalhes e isso o deixava feliz. Lembrava-se de como uma criança com sete anos podia ficar encantada com um espírito da fonte e mudar todo o curso de sua vida.

Foi interrompido em seu devaneio pela voz de Neema.

— Vamos, ancião, vamos dormir. Amanhã você continua.

— Não quer ouvir mais minha história, Neema?

— Quero, mas hoje foi um dia cansativo para mim e, apesar de ser bela a sua história, eu já não estou conseguindo vivê-la junto com suas palavras. Eh! Uma boa história só é bela quando, ao ouvi-la, vivemos o seu personagem.

— Eh! Você tem razão, vamos dormir.

Capítulo 4

A Maior Riqueza do Mundo
O Maior Tesouro do Mundo

Na manhã seguinte, Neema, a sacerdotisa, começou a emitir seus oráculos de forma visual; não tinha mais a pressa do dia anterior.

Quando terminou com o seu trabalho, foi descansar. Queria estar atenta ao relato do ancião.

O sol já se punha quando ela acordou. Sentia-se bem. Estava com suas energias recarregadas.

Ao procurar pelo ancião, encontrou-o à beira do abismo em que eram dados os oráculos.

— O que procura, ancião?

O ancião teve um sobressalto.

— Oh! Não é nada, Neema. Só estava observando o lugar em que o oráculo se oculta.

— Ele é um gênio, ancião.

— Sim, eu sei. Só queria vê-lo. Acho que o seu maior mistério é sua forma. Como o chamam?

— De a grande Píton, a serpente do ar. Seu sibilar emite os oráculos.

— E você conhece seus mistérios, Neema?

— Não. Por quê? Ela também tem seus mistérios, ancião?

— Sim, pensei que você os conhecesse.

— Eu só tenho o dom de emitir os oráculos. Nunca me preocupei em estudá-los. Só sei que ele me revelou ser um gênio do ar e que podia prever o futuro e outras coisas mais que me fascinaram.

— Então você conhece seus mistérios. Os maiores, talvez não.

— E há mistério maior e menor, ancião?

— Sim, o maior é da origem e o menor é a ação capaz de ser feita com o maior.

— Como assim?

— Você não emite oráculos e prevê o futuro?

— Sim, isso sim.

— Pois isso é um mistério menor. O maior é o porquê de ter esse dom, sua origem e tudo o que o compõe.

— Eu já não me lembro de tudo o que ele me falou. Só algumas coisas me vêm à mente.

— Pois está na hora de você se preocupar com isso, se quer realmente ser uma grande pitonisa.

— Posso começar a escrever tudo o que eu me lembrar, assim terei tudo de que preciso à mão.

— Faça-o, Neema; é para seu próprio bem. O que você não domina não é seu de verdade.

— Acho que vou escrever sua história também, ancião.

— Oh! Minha história é simples demais, Neema, não vale a pena ser escrita.

— Simples demais, você diz? Já está a falar há dois dias e ainda não saiu da fonte, ancião. Onde está a simplicidade dela? Além do mais, eu fiquei a pensar em qual seria sua resposta ao espírito da fonte.

— E que resposta acha que eu dei ao espírito Meon?

— Fácil demais, ancião. O maior tesouro é o que nos é útil. O restante é só conseqüência desse tesouro. Acertei?

— Sim, Neema, foi isso mesmo que eu disse ao espírito da fonte, o Iniciado Meon.

— E o que ele lhe falou após sua resposta, ancião?

— Vou voltar minha mente ao passado e continuar com minha história.

Pois bem, após falar essas palavras, o espírito Meon me chamou a atenção para a resposta:

— Ela é só metade certa, criança.

— Como assim, espírito Meon?

— O maior tesouro é o que nos é útil, está certo, mas o resto não.

— Por que não?

— Diga me, o ar serve para quê?

— Ora, isto é fácil. Para que nós o respiremos e não morramos sufocados.

— Certo e errado, criança.

— Fale-me do ar, espírito Meon. Talvez eu aprenda a dizer só o que é certo, então.

— Você, criança, respira o ar para não morrer, não é mesmo? Mas os pássaros também o respiram, e os peixes também; os animais respiram-no e as plantas também o fazem a seu modo. O fogo é alimentado pelo ar. E a água que não absorve ar vem a se tornar insalubre. O que me diz agora, criança?

Eu fiquei em silêncio. Estava refletindo sobre as palavras do espírito Meon. Por fim, falei:

— Espírito Meon, o maior tesouro é tudo o que nos pode ser útil, mas também o possa ser a tudo e a todos.

Pude ver seus olhos de luz faiscarem de alegria. Sim, eu tinha acertado. O maior tesouro era este e não o que fica encerrado em um baú.

— Muito bem, criança. Agora você sabe o que é um grande tesouro."

— Sim, de que adianta ter uma pedra bonita e valiosa, se não serve de nada aos outros, não?

— É isto mesmo, criança. Onde está o valor de algo que só pode ser útil a um único ser da criação infinita? Uma pedra pode embelezar uma coroa ou uma parede, ou o cabo de uma faca, mas é só. Não é um tesouro ou uma riqueza, é só beleza. Riqueza é ser como o ar: todos usufruem dele e ele nunca se acaba. Mas uma pedra não, se você dividi-la com todos, ela se acaba. Então não é um tesouro.

— Entendi, espírito Meon. Uma riqueza não é algo para ser concentrado, mas sim dividido e nunca terminar.

— É isto mesmo, criança. Você tem outro tesouro comum a todos os homens como aos animais e a toda a Natureza. Aprenda com os seus exemplos.

— Aprender eu posso, mas como a Natureza aprende, espírito Meon?"

— Simples, criança. Onde nasce uma planta? Na terra fértil ou nas pedras?

— Na terra fértil, é claro!

— Sim, pois a Natureza sabe que na pedra não germinam suas sementes. E também na terra árida. Quanto à terra fraca, não vicejam grandes árvores, não é mesmo?

— É certo. Mas, e o porquê disso, espírito Meon? Como ela aprende?

— Ela lança suas sementes por todos os lugares, não se importando que uns dêem boas árvores e outros, não. Isto mostra que ela é sábia. A semente é lançada, mas só brotará no solo fértil. Mas, se por acaso, o fraco, um dia, fortalecer-se ou o árido modificar-se, lá estará a semente. E se a pedra que recebeu uma semente for envolvida com terra fértil, por menor que seja sua quantidade, a semente brotará.

— Eu não entendo como ela aprende, espírito Meon.

— Vou lhe falar mais um pouco sobre isso, criança. Quando você lança sementes à terra, sabe qual delas vai dar melhores frutos?

— Não, só depois de frutificar, vou saber.

— Mas você sabia que tinha de lançar muitas sementes por todo o solo para colher em alguns lugares, não é mesmo?

— Sim, isto minha mãe me ensinou e eu aprendi.

— Pois é isto, a Natureza aprendeu também que é preciso lançar suas sementes por todos os solos, mas que só os melhores darão bons frutos.

— E o que tem a ver o aprender com o tesouro, espírito Meon?

— Que aprender é um tesouro comum a tudo e a todos, mas que só os melhores aprendem.

— Mas, se somente os melhores aprendem, então não é um tesouro.

— Como não, criança? Se você quer saber se algo é bom ou ruim tem de provar, não?

— Sim, só assim saberei se é bom.

— Pois é isto, criança. Se alguém quiser saber de algo, terá de aprender as diferenças e isso significa que pôs sua mente a funcionar, tornou-a fértil. Quem não tem curiosidade é como a pedra, não aprende. E quem tem pouca curiosidade é como a terra fraca. Basta adquirir um pouco de curiosidade que se torna fértil, não?

— Sim. O saber é comum a todos, mas os que realmente aprendem são os que querem, certo?

— Isto mesmo, criança. E por isso é um tesouro. É comum e útil a todos que queiram adquiri-lo.

— Agora eu comprendo o significado do que é um tesouro. Tudo o que está à nossa disposição é um tesouro. Tanto faz que seja o ar como o saber, são úteis a todos. Uns são naturais e outros são acessíveis; basta que o desejemos, não?

— Eis que você começa a se tornar um jovem muito rico. Um dia poderá ser o mais rico dos homens, sem nada ter.

— Como posso consegui-lo, espírito Meon?

— Tornando-se um sábio, criança.

— E como tornar-me um sábio?

— Aprendendo com a Natureza, criança. Só descobrindo os seus tesouros ocultos, você será um sábio.

— E quais são os seus tesouros ocultos?

— Amanhã eu lhe revelarei um tesouro da Natureza. Agora vá para casa, pois sua mãe o espera. Pense na lição de hoje.

Eu me despedi do espírito da fonte e fui feliz para minha casa. Já me sentia uma criança rica. Sabia o que era um tesouro de verdade.

— Mas, diga-me, ancião, onde pode tirar uma conclusão do que é um tesouro, se o ar não lhe é propriedade e se, tiver fome, ele não o alimentará?

— Não é seguindo esse raciocínio que você se torna uma sábia. Riqueza é uma coisa e poder é outra.

— Ainda assim é estranho esse raciocínio, ancião.

— Um homem pode ser forte e poderoso e não ser rico, mas um rico pode ser poderoso. Basta que o queira.

— Explique-se melhor, ancião, pois não entendi seu raciocínio.

— Vou lhe falar disso da forma mais nítida possível. Um homem pode unir-se a outros e ter a força para conquistar terras, não?

— Sim, isso você já o disse.

— Só que ele tem de tirar de alguém para ser forte. Ele não adquire, toma simplesmente. Tirou o que a outro pertencia. Aí está a diferença, Neema. A riqueza não é subtraída de ninguém, ela é natural. Você pode acumular grande fortuna. Não é preciso tomá-la, basta conquistá-la com a sua inteligência. Já o poder, não. Só é um poder o que foi tirado dos outros.

— Ainda não ficou claro para mim, ancião.

— Está difícil fazê-la compreender, Neema, mas vou tentar com mais um exemplo. Você ganha muitos presentes com o seu oráculo, não é mesmo?

— Sim, isto é verdade.

— Pois é isso. Não consegue ver a diferença entre poder e riqueza? Você não precisa pedir. Dão-lhe porque você lhes é útil. Esta é sua riqueza. Trazem-lhe, não precisa ir atrás. Seu poder vem de sua riqueza e não o contrário. Os poderosos dão-lhe ouro e pedras preciosas por causa do seu tesouro, sua riqueza. Com o que esse tesouro natural lhe possibilita ganhar é que vem o seu poder. Se você não lhes der os oráculos, eles não os têm. O que eles chamam de tesouro, pode acabar se eles distribuírem sem ter nada em troca. O seu não. Pode dar muitos oráculos, e quantos mais der, mais oráculos terá, pois serão sempre os oráculos de Neema e não de quem os recebeu. A riqueza ainda é sua, mesmo que eles possuam. A origem é você, eles só usufruem de sua riqueza, não podem tomá-la à força, mas você pode dar infinitamente e só a aumentará, compreendeu?

— Agora sim, ancião. Riqueza ou um tesouro é algo infinito e quanto mais usufruem dele, mais o aumentarão.

— É isto, Neema. É como o ar. Todos o respiram e ele não se acaba. O sol é uma riqueza, a água também o é. São infinitos; quanto mais usados, mais são valorizados e mais crescem, e o dono do ar torna-se mais rico quando ele é mais usado.

— Não preciso de mais exemplos, ancião. Já sei qual a diferença entre riqueza e poder e também o que é um tesouro de verdade.

— Então vamos dormir que eu estou cansado.

— Boa-noite, ancião. Como você naquela tarde, eu vou dormir me sentindo rica. Tinha um grande tesouro e eu não sabia disso. Agora já o sei.

Sim, Neema tinha um imenso tesouro, isso eu sabia. E tudo eu contemplava em silêncio. Ah! Até eu, o gênio dos oráculos, estava encantado com a história do ancião. Sim, como sabia falar o ancião. Não negava sua origem nem desmerecia o seu ancestral místico. Isso eu já sabia. Enquanto ele me observava, eu o ouvia. E quando ele me ouvia, eu o observava. Ele também estava encantando Neema. Isso eu sabia. E como sabia. Para quem quer aprender, o saber encanta rapidamente. Tal como o amor, o saber encanta por si só. Não precisa de artifícios. Eu ia tomar cuidado com o ancião, pois ele poderia tomar-me Neema. Isso eu já não ia permitir. E isso ele sabia. E eu sabia que ele sabia disso.

Capítulo 5

O Ancestral Místico da Luz do Saber

No terceiro dia, Neema já estava ansiosa como nos outros dias. Aguardava o ancião, mas estava calma. Quando ele se sentou, ela começou a observá-lo com mais atenção. Sim, eu via nos seus olhos certa admiração por ele. Isso era mau; Neema era minha pitonisa, não ia perdê-la para um sábio! Fiquei no ar. Ia ouvir, mas também olhar. Na hora certa, eu, a Grande Píton, daria o meu bote certeiro e destruiria a serpente que estava encantando Neema. Sim, era a serpente do saber. O ancião era um encantador da serpente do saber. Isso eu já havia localizado no seu ancestral místico. Mas deixo que eles continuem com a história.

— Como vai hoje, Neema?

— Sou só ouvidos, ancião. Estou ouvindo e aprendendo. Sinto que Meon, o Iniciado, é muito mais do que eu imaginava no princípio.

— Por que diz isso?

— De sua fonte jorrava água, da fonte de Meon jorrava o saber.

— Sim, é isso mesmo. Meon quer dizer saber na origem. Esse é o significado do seu nome.

— Então meu oráculo sobre você não foi claro desta vez.

— E o que disse o seu oráculo sobre mim?

— Disse que você é o guardião da fonte eterna e, se eu quiser saciar minha sede, terei de beber de sua água.

— Bem, então vou saciar um pouco dela agora. Quando voltei, na tarde seguinte, o espírito Meon já me aguardava, só que não estava sozinho, junto dele havia um grupo de espíritos.

— E como eram eles, ancião?

— Eu lhe falo deles no desenrolar de minha história. Você conhecerá cada um deles no tempo certo. Bem, sentei-me ao lado de Meon e os outros ficaram à nossa frente. O espírito Meon apresentou-me o que se vestia de branco. Sua roupa era linda. Tinha uns ramalhetes dourados. Sim, como era bom olhar para ele. Transmitia algo que até hoje me é impossível descrever.

— Criança, agora você vai ouvi-lo. Ele fala pouco, mas tudo o que diz são mistérios. Grave tudo em sua mente. Quando precisar deles, lá estarão armazenados como em um depósito.

— Sim, eu prestarei muita atenção.

E fui ouvindo suas palavras.

Cada uma delas vibrava em mim. Sentia meu corpo irradiar-se por todos os poros. Sim, ele era o espírito da luz e suas palavras chegavam até a mim, não como sons, mas igual a ondas luminosas. Estava extasiado com suas palavras. Quanto saber estava contido nelas! É isso, Neema; quem o ouvisse adquiria o maior dos tesouros, o tesouro da luz. A mim pareceu uma eternidade o tempo, mas quando ele parou de me transmitir os seus ensinamentos, percebi que o tempo quase não passara. O mistério disso eu só fui saber muito depois.

— E qual é o mistério, ancião?

— Quando um espírito quer passar-lhe um mistério, ele nos tira do corpo e então tudo se desenvolve em uma velocidade espantosa. É como em um sonho. Você viaja por muitos lugares, desenvolve coisas que demoram uma eternidade e, quando você acorda, vê que tudo isso se passou em pouco tempo de sono.

— É isso mesmo, ancião. Durante o sono existe uma eternidade desenvolvendo-se em segundos. Qual é o segredo, ancião?

— O segredo é este, Neema: para o espírito, o tempo não conta, nem o dia, nem a noite. Ali, o tempo é uno e o espaço não tem barreiras. Maravilhoso, não?

— Sim, é uma maravilha, ancião. E você pode fazê-lo também?

— Eu posso e o faço. Todas as noites, eu saio do meu corpo e vou vagar por outros lugares. Quando volto, o corpo está no mesmo lugar. Esta noite eu vou levá-la até o espírito da luz.

— E eu conhecerei os mistérios da luz?

— Sim, todos eles, Neema. Sua revelação é instantânea. Parece uma eternidade, mas não é.

— E os outros, quem eram?

— O segundo a que fui apresentado era o guardião das trevas. Apesar de ser chamado assim, era só luz. Seu mistério é tão fascinante quanto o da luz.

— E o que ele lhe mostrou, ancião?

— Tudo relativo à parte escura do ser humano. Você conhece algo do lado escuro, Neema?

— Não, ancião. O que eu sei do lado escuro é tão pouco que não deve considerar como conhecimento.

— Pois eu vou apresentar-lhe a todos eles e só então você conhecerá o Iniciado Meon.

— Mas por que só no fim vou conhecê-lo?

— Porque quando isso acontecer você não poderá voltar atrás. Seu futuro dependerá do que Meon achar de você.

— Mas por que ele agiu diferentemente com você, ancião?

— Porque não fui eu quem escolhi. Fui escolhido. E Meon foi o Iniciado que cuidou de minha preparação como sábio dos mistérios sagrados.

— Compreendo. Comigo aconteceu o contrário, eu é que procurei Meon.

— Sim, é isso mesmo. E ainda há o seu juramento perante os guardiões. Com Meon você pode falhar, mas com eles, não.

— E o porquê disso tudo, ancião?

— Quem procura os mistérios tem por obrigação ocultá-los após o conhecimento. E quem é procurado tem o dever de divulgá-los. De uma forma oculta ou velada. Eu os revelo na totalidade a você. Mas você não poderá revelá-los na totalidade. E terá de ser de forma alegórica.

— E quem me ajudará nessa obra?

— Eu não sei ainda, mas alguém a ajudará nessa tarefa. Na hora certa, saberá.

— Compreendo. Talvez o oráculo ajude-me nesta resposta.

— Certamente que sim, pois ele é um gênio do verbo e como tal sua função é emitir os oráculos.

— Bom, chega de falarmos. Vamos nos preparar, pois quero conhecer todos os espíritos que animam a criação.

— Sim, vamos ao meu quarto. Lá é melhor para isso. Eu já o preparei.

— Estou ansiosa para conhecê-los, ancião.

— Você não estaria, se eu lhe contasse o que aconteceu comigo após o encontro.

— E o que lhe aconteceu de tão importante que pode tirar minha vontade de conhecê-los?

— Bom, eu fui apresentado a todos os espíritos da fonte, recebi seus ensinamentos. Como eu já disse, o tempo não contava. Tudo se passava muito rapidamente.

— Sim, isso eu já sei. Diga logo o que houve de tão importante.

— Eu lhe digo, Neema. Após todo o ritual de absorção dos mistérios da Natureza, o espírito Meon olhou diretamente nos meus olhos e disse-me:

— Criança, você quer fazer uma caminhada boa aqui na Terra?

— Sim, espírito Meon. É o que mais desejo após adquirir o maior tesouro que alguém pode possuir.

— Então você será levado a conhecer o guardião do seu ancestral místico. Após esse encontro, você não se pertencerá mais. Ele o guiará por onde ele quiser, fará de você um instrumento de sua vontade. Desse dia em diante, você não se pertencerá mais. E também lhe dará uma provação para testar sua lealdade para com ele. Se não falhar na prova, você e seu ancestral místico serão um só. A partir daí, ele o guiará e você fará tudo em Seu Nome.

— E qual será a provação, espírito Meon?

— Isto eu não sei, criança. Só o ancestral místico é quem sabe. O que eu sei é que ele lhe tirará o que mais você anseia. Isto eu sei.

— Mas eu não anseio mais nada após conhecer os mistérios.

— Cuidado, criança, pois você ainda é muito jovem e talvez não saiba bem o que está em jogo. É seu futuro. Poderá tê-lo radiante como o sol a iluminá-lo, ou poderá ser negro como ônix. Hoje eu sei que o espírito Meon sabia qual seria a prova. Sim, como sabia.

— E aceito, espírito Meon. Não vou recuar agora. Nada me fará recuar ante minha missão.

— Então vamos, criança.

E os espíritos que estavam ali fizeram um círculo à minha volta e, em um instante, senti-me tirado do corpo e levado pelo espaço infinito. Foi algo tão rápido que não pude ver nada. Logo eu estava em um lugar maravilhoso. Nada aqui na Terra se iguala àquele lugar. O ar é agradável, as cores são indescritíveis. Os seus habitantes são verdadeiros deuses. E suas vestes, como são lindas! Eu não vi homens feios ou velhos como eu. Tudo era jovial e resplandecia sua beleza. Sim, e as mulheres! Como eram belas. Eu nunca vi alguma parecida aqui na Terra. É uma beleza que encanta os sentidos. Ali o desejo de um ser humano é totalmente anulado pela beleza que reina. Só a beleza dos seus habitantes já coloca um mortal em êxtase.

Sim, é isso mesmo. Eu estava extasiado com o que via. Não vejo o dia de deixar este corpo, para poder voltar àquele lugar, se assim o permitir o meu ancestral místico.

— E qual foi a prova, ancião?

— Oh! desculpe-me. Eu comecei a me lembrar do lugar e esqueci-me da prova. Sim, é isso mesmo. Fui levado a um grande salão. Era todo florido. Eu nunca vi flores tão lindas aqui na Terra. E as cores, então? Que maravilha! Quanta harmonia! Nada chocava, nada era destoante do conjunto.

— Você continua divagando, ancião.

— É isto, Neema. Quando me lembro do lugar, entro em êxtase! Mas deixemos isto de lado. Logo eu estava diante de um trono. Não conseguia fixá-lo com os olhos. A luz que caía dele era como um sol. Só que não estava longe e sim a poucos passos de mim. Eu sentia sua luz atravessar meu espírito. Mantive os olhos abaixados. Olhei para trás e os espíritos da fonte estavam ajoelhados atrás de mim, com suas cabeças no chão. Eles conheciam o meu ancestral místico e não ousavam olhar para ele. Imediatamente eu fiz o mesmo. Só um tolo não aprende com os superiores. Eu os imitei e pusme na mesma posição. Mal tinha acabado de me ajoelhar, e uma voz poderosa se dirigiu a mim.

— Criança, você sabe quem sou eu?

— Sim, eu sei! Acho que sei! Bem, não sei não, senhor.

— Eu sou o seu ancestral místico. Isso você já sabe, não?

— Sim, senhor, isso eu sei. O espírito Meon já me falou do senhor.

— Criança, eu o sigo há milhões de anos, sem nunca tirar os olhos de você e o seguirei por outros milhões, sem deixar de vê-lo por um instante sequer.

— Sim, senhor.

— Eu o guio quando me serve e castigo quando me contraria.

— Sim, senhor.

— Eu sou a fonte de onde emanou seu mental superior.

— Sim, senhor.

— Eu sou você por inteiro e você é uma parte de mim.

— Sim, senhor.

— Eu o quero cada vez maior diante de mim.

— Sim, senhor.

— Se você falhar em sua missão, eu o lançarei no lado escuro do Cosmos, e lá ficará até que eu o queira.

— Sim, senhor.

— Mas se vencer, eu o guiarei na luz, e tudo o que o encantou, aqui, estará ao seu alcance.

— Sim, senhor.

— Eu sou o ancestral místico da luz do saber.

— Sim, senhor.

— Quem sabe, respeita-me.

— Sim, senhor.

— Quem me respeita, segue meus desígnios.

— Sim, senhor.

— Quem segue meus desígnios, eu amparo.

— Sim, senhor.

— E quem eu amparo não cai.

— Sim, senhor.

— Você quer me conhecer?

— Sim, senhor.

Foi nesse instante que eu percebi que tinha dito uma tolice, e tentei consertar.

— Não, senhor, tenho fé no seu poder.

— Criança, não minta. Eu sou você e você é uma parte de mim. Se você mente, eu sei.

— Desculpe-me, senhor, por tentar enganá-lo, mas conhecê-lo é tudo o que eu desejo. Isso o senhor sabe, não?

— Sim, isso eu sei, criança.

— E o senhor sabe que eu sonho com o senhor, não?

— Sim, disso eu também sei."

— E o senhor sabe que eu gostaria de vê-lo, tocá-lo, chamá-lo pelo seu nome, não?

— Sim, isto eu sei.

— E o senhor sabe o porquê disso?

— Sim, isso eu também sei.

— E o porquê disso, senhor?"

— Você está preparado para sua provação, criança?

— Sim, senhor. Depois de conseguir chegar diante de vós, nada mais assusta-me.

— Pois então levante-se, criança.

— Sim, senhor.

E me levantei, só que mantinha a cabeça virada para baixo e os olhos bem fechados.

— Aproxime se de mim, criança.

— Sim, senhor.

E fui puxado para ele. Senti que me abraçava e eu também o abracei. Como foi bom! Era melhor que o abraço de uma mãe no seu filho recém-nascido. Melhor que o abraço da mulher amada ou do irmão querido. Sim, era melhor que tudo o que uma mente possa imaginar. Eu o sentia como um pai carinhoso que abraça o filho amado após longa separação. Sim, foi só por um instante, mas para mim foi a coisa mais gratificante que poderia ter acontecido. Fui interrompido por sua voz.

— Criança, eu me chamo Apollo, sou seu ancestral místico. Existem quatro, e Eu Sou o primeiro deles, Eu Sou a Luz do Saber que guia a criação do Criador de tudo e de todos, o que não pode ser visto nem tocado, mas que vive em tudo e em todos.

— Sim, senhor.

— Eu sou o primeiro dos ancestrais e quem me conhece me ama. E quem me ama me serve; e quem me serve, eu amparo. E quem eu amparo, não cai.

— Sim, senhor. Agora eu o conheço, amo-o e o servirei por todo o sempre, Senhor Apollo, Senhor de minha luz e do meu saber. Já não o procuro mais, já o encontrei. Aniquilar-me-ei ao nada infinito para poder ser grande aos Seus olhos um dia.

Eu sentia sua mão acariciar minha cabeça, tal como um pai acariciando o filho amado. Dos meus olhos corriam duas fontes de lágrimas. Sim, todas as lágrimas acumuladas por milhões de anos brotavam em uma catarse do meu espírito.

— Minha criança, eu o amo, pois você é parte minha e eu sou você.

Sim, como era bom, eu nunca tinha sido abraçado por um pai, pois eu não o tive. O meu abandonou minha mãe após possuí-la. E agora eu estava diante do meu verdadeiro pai, o meu ancestral místico. Sim, como era bom um órfão encontrar seu verdadeiro pai. Eu chorava, não continha minhas emoções.

— Criança, você já me tocou e também sabe meu nome. Abra os olhos e me veja agora.

— Eu já não preciso mais vê-lo, Senhor da minha luz. Estou satisfeito com o que permitiu. Sim, como estou satisfeito. A isso eu ansiava por milênios. Como eu o procurei." Eu o procurei nas religiões, nos cultos mais estranhos. Eu o procurei nos homens e não o encontrei; procurei-o nos sacerdotes e não o mostraram. Fui aos iniciados e também não o mostraram. Busquei-o nos magos e nos sábios, e ainda assim não o encontrei. Eu o procurei na terra e não o encontrei, olhei para o céu e também não o vi. Vi coisas belas e, ainda assim, eu sabia que em nada eram comparadas à sua beleza. Vi coisas brilhantes e, ainda assim, eu sabia que nada era comparado à sua beleza. Vi coisas brilhantes e, ainda assim, eu sabia que em nada eram comparadas com sua luz. Aprendi muitas coisas e, ainda assim, eu sabia que nada significavam, comparadas ao seu saber. Bebi todas as bebidas e, mesmo assim, eu sabia que nenhuma embriagava tanto quanto sua essência. Amei a muitas mulheres e, mesmo assim, eu sabia que nenhuma delas me daria tanto prazer quanto abraçá-lo. Eu sabia de tudo e provara a tudo, mas, mesmo assim, sabia que nada saberia e nada teria provado se não o conhecesse e o tocasse. Aí sim, eu sabia que a tudo havia tocado e tudo eu sabia. Sim, isso eu sabia! E como eu sabia disso! Sim, o Senhor da luz do saber era o meu ancestral místico e eu ansiava tocá-lo, conhecê-lo e vêlo também.

Sim, a tudo isso eu ansiava. Mas agora já não anseio por mais nada. Tenho tudo o que procurava sem o saber e sei de todas as respostas. Eu o tenho, e por isso, de nada preciso. E o toco, e sei que nem o mais perfeito corpo feminino pode inebriar tanto o seu sentido quanto o seu toque. Eu sou uma criança e sei que o procurava há milênios e sei também que diante de ti sou só uma criança.

E o pranto corria dos meus olhos como duas cascatas luminosas. Eu sentia suas lágrimas quentes caindo sobre mim. Como era bom encontrar o elo perdido da criação. Isso eu sabia que havia encontrado. Eu me entregava ao meu ancestral místico. A nada mais ansiava. Eu já sabia quem eu era, de onde vinha e de onde um dia voltaria. Sim, eu conhecia Apollo, o ancestral místico da luz do saber. O meu ancestral místico! Nada mais eu precisava saber.

Ele me interrompeu:

— Não, minha criança. Até agora você só saciou os seus sentidos e seus desejos, mas ainda não saciou a sua curiosidade. Ainda não me viu.

— Eu já não preciso disto, meu senhor da luz do saber.

— Mas como poderá falar aos que ainda caminham sem conhecer a minha forma?

— Eu saberei descrevê-lo só com os sentidos e os desejos, meu senhor.

— E acha que será uma descrição completa de mim a que fará a seus semelhantes?

— Não será completa, mas satisfará a todos, pois só uma parte sua já satisfará a qualquer mortal, meu senhor.

— Ah! Você quer que eu seja contado como um ser incompleto?

— Não, meu senhor, senhor de minha luz e minha razão de ser e existir."

— Então, por que não abre os olhos e me vê como eu sou?

— Porque temo vê-lo, meu senhor.

— Por que teme ver-me, minha criança?

— É que eu sinto que não é para ser visto, só desejado e amado, meu senhor.

— E como então eu terei um Iniciado que falará do meu saber e de minha generosidade, se não puder falar de minha beleza?

— Mas eu falarei de sua beleza também, meu senhor.

— Então mentirá sobre mim, criança, e eu não aprovo isso.

— E o que eu devo fazer então, meu senhor?

— Olhar para mim e ver como eu sou. Só então falará de mim a todos que vierem até você.

— É preciso isso, meu senhor?

— Sim, criança, é preciso. Aqui começa sua prova. Ver-me-á e ficará cego. Por sete anos caminhará sem nada ver. Por sete anos viverá na escuridão só porque verá minha luz. Nesse período, falará de mim e dirá que foi minha visão que o cegou, tão forte é minha luz. Dirá que nem mil sóis brilham como eu e nem o fogo é tão quente como eu, e nem a mais bela mulher é tão bela como eu, e nem a mais saborosa bebida embriaga como eu, e nem o mais sábio é tão sábio como eu, e nem o mais poderoso dos mortais é tão poderoso como eu. E tudo isso dirá e em momento algum vacilará em suas afirmações. Não temerá a nada e nem a ninguém, só a mim. Nem o mais pavoroso espírito das trevas o assustará tanto quanto a minha visão. Mas nada mais o desviará do meu caminho, ainda que dure toda a eternidade, pois eu sou eterno. E eu sou você e você é parte minha. Tudo isso você dirá e não estará mentindo em momento algum, pois tudo isso sou eu e eu aprovarei tudo o que disser sobre mim, desde que seja só a verdade. Sim, isso eu sei que você dirá. Pois eu sou você e você é parte de mim.

— Sim, meu senhor. Senhor de minha vida, minha luz e meu saber. Eu não temo a minha prova. E também não temo o meu ancestral místico. Eu o conheço, amo-o e sirvo-o.

Após eu dizer isso, abri os olhos e a visão me inebriou por completo. Foi por um instante, mas durou toda a eternidade. Ceguei os meus olhos com a visão do meu ancestral místico. Sim, eu o havia tocado, sentido e visto. Eu era um ser saciado por completo. A mais nada eu almejava. Estava cego, mas satisfeito. De imediato voltei ao meu corpo. Chorava a não mais poder. Dos meus olhos caíam lágrimas em abundância. Sim, eu era um ser saciado em minha busca milenar. Já não ansiava a mais nada. Eu era uma criança, mas não me sentia como tal. Havia despertado todo o meu passado. Hoje eu sei que foi o meu ancestral místico quem fez isso para mim. Sim, ele é eu e eu sou parte dele. Quando o choro cessou e só restaram soluços, percebi que a escuridão me envolvia. Assustei-me, comecei a tatear o solo à minha volta. Estava assustado, mas não com medo. Sabia que minha prova estava só começando. Ouvi uma voz calma a me falar. Era Meon, o iniciado, quem falava comigo.

— Ouça criança, não se assuste, pois estarei sempre do seu lado direito. Não o abandonarei nunca.

— Sim, eu o ouço, Iniciado Meon. Vou ser um peso em sua existência, não?

— Nada disso, criança. É por meio de você que me realizo e será por você que me integrarei ao meu ancestral místico.

Ficamos a conversar por muito tempo. Para mim já não havia dia e noite. Eu estava nas trevas. Sabia que duraria sete anos. E o que são sete anos, na escuridão, comparados à visão do meu ancestral místico? Mais tarde, apareceu mamãe à minha procura. Chegou ralhando comigo:

"Filho, como você me deixa em casa, preocupada, sem me avisar que ficaria aqui por tanto tempo? Já é noite."

"Desculpe, mamãe. Eu não sabia que já era noite."

"Como não sabia? Acaso ficou cego?"

"Sim, mamãe, eu já não a vejo mais, nem o dia e tampouco a noite."

Minha mãe deu um grito de espanto. Viu que meus olhos estavam totalmente brancos.

"O que aconteceu com você, filho? Como isso foi acontecer?"

"É uma história muita longa, mamãe, eu gostaria que a senhora me levasse para casa. Estou com frio e fome."

"Venha, filho, dê-me sua mão e eu o levarei para casa."

Entre soluços, ela ia me guiando. Mandava eu me desviar de pedras ou buracos. Como ela chorou! Eu era um peso para minha mãe. Como eu gostaria de retribuir o que ela fez por mim!

— E por que você não retribuiu, ancião?

— Depois de tantos anos de sofrimento comigo, o lugar em que morávamos foi saqueado por um bando de guerreiros. Eu ouvia seus gritos enquanto eles abusavam dela, mas eu não podia fazer nada. Era um cego. Sim, eu ainda tentei. Mas algo derrubou-me. Havia tropeçado em algo quando ia acudi-la. Como eu sofri. Minha mãe gritava meu nome e eu nada podia fazer. Em dado momento, seus gritos cessaram. Os homens começaram a falar entre eles, uns culpando os outros pela morte dela. Não se preocupavam por terem tirado a vida de alguém. Não, isso eles faziam com prazer. Acusavam-se de que não haviam saciado sua bestialidade ainda. Sim, era por isso que brigavam. Como pode alguém sentir prazer quando faz outros sofrerem para saciá-los? Chegaram perto de mim.

"É só um menino e, além disso, é cego. Vamos deixá-lo à própria sorte, assim verá como é bom ser cego e não ter ninguém para guiá-lo."

E entre gargalhadas foram embora. Eu apurei os sentidos e, tateando o chão, encontrei minha mãe. Estava morta a luz de minha luz, olhos dos meus olhos e vida de minha vida. Quem tanto me amava já não vivia mais. Eu estava enlouquecendo, quando ouvi a voz do Iniciado Meon.

— Calma, filho. Este é o seu destino. Não poderia ser mudado.

— Por que tudo isso, iniciado Meon? Qual o preço a ser pago ainda? O que mais o meu ancestral místico reservou?

— Eu não sei, criança. Isto só ele sabe.

Eu já não continha mais o meu pranto. O desespero tomava conta de mim. Quando fiquei cego, eu sabia o porquê, mas agora, não. Isso não podia estar acontecendo comigo. Não comigo.

— Venha, criança, vamos até a fonte.

— Por que, iniciado Meon?

— Na água da fonte você lavará o seu pranto.

— Sim, é isso mesmo. Lá eu sempre me senti bem. Será um bom lugar para morrer também.

Tateei por todo o cômodo até que encontrei o meu cajado. Levantei-me e apurei o sentido de direção. Eu já aprendera como me guiar somente com o cajado. Era lento andar no escuro, mas eu não tinha mais pressa alguma. Quando cheguei à fonte, ouvia seu murmúrio; sim, ela sussurrava a mim dizendo que também estava chorando pela tragédia que se abatera sobre minha casa. Sim, isto eu ouvia da fonte. Ela também chorava por mim e minha mãe. Por quanto tempo fiquei lá? Não sei, pois para mim não existia nem dia nem noite. Só me lembro de que a sede eu saciava bebendo água da fonte. Só não tinha com que me abrigar do frio que sentia. Mas que importância tinha o frio para um corpo cego e uma alma ferida? Sim, o tempo que fiquei lá eu não sei dizer. Quando criei coragem, voltei à minha casa. Sentia-me fraco, mas voltei. Ao chegar, procurei por um instrumento qualquer que pudesse usar para cavar uma sepultura para o corpo de minha mãe. Sim, eu o abandonara e agora ele cheirava mal. Por fim, eu o encontrei. Levantei, não sei como, o seu corpo e, tateando com um cajado, fui ao campo. Quando senti que estava sobre terra macia, cavei uma valeta. Depositei o corpo dela e o enterrei. Nenhum animal iria profaná-lo mais do que já havia sido profanado. Quando terminei de enterrá-la, fiz uma oração ao Criador para que acolhesse seu espírito tão sofrido. Sim, eu fora um peso em sua vida. Não pude recompensá-la por nada que fez por mim. Nesse instante eu ouvi uma voz. Não era a voz do iniciado Meon. Essa eu já conhecia. Sim! Era a voz do meu ancestral místico.

— Eu sofro por suas dores, criança, pois eu sou você e você é parte minha.

Sim, o meu ancestral místico falava comigo!

— Eu o ouço meu senhor.

— Sim, isso eu sei, minha criança. O que vai fazer agora?

— Vou caminhar, meu senhor.

— E para que lado irá você, se não pode ver?

— Isso não me preocupa, meu senhor.

— Por que não, criança?

— Porque eu sei que qualquer direção que eu tomar me levará ao meu destino.

— E você não teme o caminho que vai tomar?

— Sim, eu o temo, meu senhor. Mas nada farei e morrerei aqui se não tomar um caminho. De nada vai me ajudar o medo. Melhor cair por tentar caminhar que morrer por temer a caminhada.

— Sim, criança. Eu sou você e você é parte minha. Isto eu sei. Levante-se e escolha um caminho.

Eu me levantei e fiquei em pé, não sabia onde isso me levaria, mas eu lhe pedi que acolhesse o espírito de minha mãe e o amparasse. Isso eu sabia que ele faria. Sim, isso eu sabia. Já estava calmo novamente. Minha mãe já não sofria mais. Eu lhe fiz uma oração de despedida e comecei a caminhar lentamente. Tinha tomado um caminho, pois até um cego pode caminhar, basta não ter medo. Ainda ouvi a voz forte do meu ancestral místico. Foi a última vez que ouvi.

— Eu sou você e você é parte de mim, criança.

Comecei a chorar. Ia caminhando lentamente e o pranto corria pelo meu rosto. Foi quando ouvi a voz do iniciado Meon à minha frente.

— Por que não pára de chorar e abre os olhos, filho meu?

— Eu me assustei com a sua voz.

Ele também chorava. Parei a caminhada, enxuguei minhas lágrimas e lentamente fui vendo Meon, o iniciado. Depois, todos os seus amigos e, por fim, o campo que nos rodeava. Sim, eu via tudo agora. E vi também que me estava dirigindo a um precipício. Sim, isso eu vi. E como vi! Eu caminhava rumo à morte, mas não temia, pois confiava no meu ancestral místico. Sim, como confiava nele e ainda confio hoje. Ele me devolveu a minha visão porque confiei nele. Só mais tarde, vim a saber que haviam passado sete anos.

— Foram sete anos de provação, Neema. Está preparada para isso?

Neema chorava com a história do ancião.

— Sim, eu estou, ancião.

— Pois então vamos ao encontro dela. Lembre-se de que as provas, só o ancestral místico sabe quais são.

— Sim, eu sei. Ouvi bem sua história.

— Espero que esteja preparada mesmo, pois eu pressinto que vai ser difícil.

— Está querendo desanimar-me, ancião?

— Não, só estou querendo prepará-la bem.

— Não fale mais, então, está bem?

— Sim.

Capítulo 6

O Encontro de Neema com Meon, o Espírito da Fonte

Logo, o ancião estava apresentando Neema ao Iniciado Meon.

Sim, Neema ficou encantada com ele. Foi conduzida da mesma forma que o ancião um dia o foi.

E tudo Neema viu, ouviu e aprendeu.

Como foi o seu encontro com seu ancestral místico?

Não, isso eu não direi. Mas, quem sabe, a própria Neema não conte mais para a frente, não?

Melhor deixar a história ser contada por seus protagonistas.

Sim, eu sei. Também fiquei comovido com a história do ancião. Mas eu já disse que conhecia o seu ancestral místico, não disse? Eu já conhecia seu passado, o presente e o futuro. Nada está oculto da minha visão.

O encontro de Neema eu também sabia como seria, mas vou deixar que ela o conte.

Quando ela voltou, chorava. Sim, todos choram quando têm o encontro com seu ancestral místico.

— Como foi seu encontro, Neema? — perguntou o ancião.

— Era como eu imaginava, ancião. Mas agora peço que me deixe sozinha, pois quero derramar o meu pranto sem incomodar ninguém.

O ancião acariciou sua cabeça e desejou-lhe boa-noite.

Não compreendeu o olhar dela ao lhe dirigir a palavra. Sim, se tivesse visto, não lhe teria desejado boa-noite; diria outras palavras.

Também não notou que o espírito da fonte, o Iniciado Meon, também chorava quando voltou com o espírito de Neema.

Se tivesse visto isso, talvez não conseguisse dormir naquela noite.

No dia seguinte, o ancião foi caminhar logo cedo. Não queria perguntar nada a Neema. Preferia que ela mesma falasse de sua experiência.

Quando voltou, já era tarde.

Neema estava descansando. Não quis acordá-la. Sabia que ela estava cansada.

Melhor esperar que ela o procurasse. Talvez sua prova fosse muito difícil e ela não quisesse comentar nada.

Paciência, tinha cumprido sua parte. Levou Neema até o Iniciado Meon, e este a tinha levado até seu ancestral místico.

Tinha cumprido sua missão ali. Sim, mais uma estava cumprida; já não se lembrava mais de quantos havia Iniciado nos mistérios.

Mas a todos ele iniciou com amor à missão.

No dia seguinte, o ancião observou Neema durante a emissão dos oráculos. Como estava abatida!

À tarde, ia partindo, quando foi chamado por ela:

— Aonde vai a esta hora, ancião?

— Vou-me embora, Neema. Já fiz tudo o que podia fazer por você. Agora já conhece o Iniciado Meon.

— Mas eu vou ter de preparar outras pitonisas e sozinha vai ser muito difícil.

— Você quer minha ajuda?

— Sim, com você me ajudando, será muito mais fácil cumprir uma parte de minha prova.

— Qual é a sua prova, Neema?

— Divulgar o culto à Natureza e ensinar a todos sobre os guardiões dos mistérios, de forma alegórica. Tal como você me falou.

— Então eu vou ajudá-la. Já não ouço ninguém procurando por mim mesmo.

— Então aqui é um lugar bom como qualquer outro para se viver, não?

— Sim, era isto mesmo que eu ia dizer.

— Pensei que talvez fosse porque gosta de minha companhia.

— Sim, isso também. Você é uma ótima companhia. Talvez a melhor que já tive até hoje, com exceção de minha mãe.

E assim, tudo foi revelado a Neema. Agora era uma conhecedora dos mistérios.

Eu, o gênio do oráculo, acompanhava Neema com curiosidade. Sim, eu gostava de Neema. Era inteligente e bela, duas qualidades que agradam à maioria.

A sua fama corria pelo ar. Homens poderosos, reis de impérios distantes e muitos outros vinham atrás dos oráculos que Neema emitia.

Eu não deixava Neema falhar nenhuma vez sequer. Havia encantado Neema um dia, mas agora era Neema quem me encantava.

Sim. Eu, o gênio do ar, o gênio guardião do ponto de força da Natureza do dom oracular, estava me encantando por Neema.

Para mim, ela era intocável. Sua beleza encantava a todos.

Muitos chegavam a oferecer seus reinos para ter Neema junto de si.

A todos ela recusava. Não aceitava a companhia de ninguém.

O único que tinha acesso a Neema era o ancião. Sim, isso eu sabia. Ele havia encantado Neema também.

Mas o que Neema queria dele, não lhe poderia dar. Era um ancião. Sua vitalidade já estava chegando ao fim.

Ajudou Neema no santuário. O dom oracular foi distribuído entre novas Iniciadas que ele preparou junto com Neema.

O meu ponto de força na Natureza voltava a brilhar com Neema.

Nesse tempo, as pitonisas eram escolhidas por Neema. Para elas, era uma honra servir ao oráculo e assim o seria por sete mil anos. Isso eu sabia, pois o futuro pode ser visto pelo oráculo. E eu era o gênio do oráculo.

Neema aprendia os encantamentos com o ancião. Estava fascinada pelo poder dele.

Mas deixemos que eles mesmos contem sua história:

— Ancião, diga-me, com esses encantamentos eu posso conseguir tudo o que precisar ou quiser?

— Sim, Neema. Só que se você fizer um encantamento e este a atingir, será escrava dele.

— Por quanto tempo eu ficaria escrava de um encantamento?

— Até que alguém viesse libertá-la.

— Então o encanto é limitado no seu alcance, não?

— Sim, Neema. Se alguém souber como cortá-lo, ele perde seu encanto. Mas, por que me pergunta isso, relacionando-o com você?

— É que um dia eu fui encantada pelo gênio do oráculo, assim como você foi pelo espírito da fonte, não?

— Sim, nós fomos. Mas lembre-se, eu fui encantado para divulgar os mistérios sagrados, e você o foi para divulgar os oráculos. Somos amparados pela lei que rege a tudo e a todos. Não sofremos por causa desse encanto. Muito pelo contrário, eles nos fascinam e dão uma satisfação pessoal inigualável. Essa é a recompensa a quem serve à Lei da criação.

— E quanto ao gênio do oráculo, como encantá-lo, se ele já é um ser encantado?

— E qual a necessidade disso?

— Oh, eu só queria conseguir algo que ninguém mais poderá me dar.

— E o que é que tanto deseja, Neema?

— Se eu conseguir, você saberá, ancião.

— Está bem. Creio que o futuro terá de aguardar por suas ações no presente.

— O que quer dizer com esse enigma, ancião?

— O tempo dirá, Neema, só o futuro dirá.

— Mas vai ensinar-me todos os encantamentos?

— Sim, não vou ocultar nenhum, pois sinto que logo vou partir.

E assim Neema aprendeu todos os encantos mágicos.

Sim, o oráculo envolvia a sua pitonisa.

Eu mantinha Neema fechada aos conselhos do ancião. Ele a mandava ser precavida. Mas eu a lançava à frente.

Neema conquistava todos com seu tesouro, o dom do oráculo.

E, de fato, estava cumprindo sua palavra dada ante os 21 guardiões dos mistérios.

Seus oráculos iam-na ajudando em sua obra de disseminação dos mistérios na forma de alegorias.

Os templos aos deuses multiplicavam-se por toda a Grécia antiga.

Logo, todas as aldeias tinham seus deuses protetores.

De forma alegórica, os mistérios ocultavam-se atrás de deuses. Os guardiões eram substituídos por deuses, e os mistérios de cada um, ocultos por trás de sua força, poder e qualidade individual.

O culto à Natureza tinha, na alegoria, sua força e, nos templos, seu poder.

Lá não reinava a barbárie de outros lugares, mas tão-somente a alegoria.

Foi esse princípio que tornou a cultura grega a mais rica que já houve. E eu, o gênio do oráculo, falo da riqueza a que se referia o ancião em suas conversas com Neema.

Quanto mais ela se dividiu, mais aumentou.

Sua força vinha de sua divisão.

Mas, voltemos à história da sacerdotisa que trouxe meu esplendor de volta:

— Ancião, então quer dizer que se eu unir os três encantos em um só corpo, eu posso conseguir isso para ele?

— Sim, Neema, você poderá fazê-lo sem medo.

E Neema ajudou outro ancião o qual tinha paixão por uma jovem. Era de tal ordem seu desejo de possuir a jovem que recorreu a Neema para conseguir o seu objetivo.

Neema fez os encantamentos, e o ancião teve realizado seu desejo pela jovem.

Cobriu o templo com tesouros e mais tesouros.

Neema era fabulosa.

Eu já havia arquitetado meu plano, só esperava o tempo certo. Este viria de uma conversa sem muita importância com o ancião. Eu guiava Neema. Ei-la:

— Ancião, você nunca teve uma esposa?

— Não, Neema. Vivi como um andarilho pelo mundo, um tempo aqui, outro acolá. Assim foi minha vida.

— Mas nunca experimentou o sabor de uma mulher?

— Eu? Sim, já experimentei isso também. Como poderia ficar sem provar o que uma mulher pode oferecer de melhor a um homem? Sim, o prazer também faz parte da vida. E ninguém é sábio se não provar um pouco do prazer.

— Mas parece que não gostou muito, não?

— Só porque não quis ligar-me a nenhuma? Isso eu fiz porque Meon, o iniciado, advertiu-me de que eu vagaria pelo mundo, não poderia ligar-me a nada que impedisse minha missão.

— Entendo. E o que é o prazer, ancião?

— O prazer, Neema, é algo que nos move para ações impensadas; na busca do prazer, fazemos coisas que em sã consciência não faríamos. Você nunca provou o prazer, Neema?

— Não, ancião, isso eu nunca provei. Vim para o santuário ainda criança e aqui estou eu, a sacerdotisa mais bela segundo os olhos alheios, com 23 anos e não conheço o prazer.

— Um dia você ainda o conhecerá, é jovem e bonita. Muitos virão procurá-la.

— Mas eu não quero ser de ninguém. Acho que sou como você, ancião. Tenho um dom e vou dedicar minha vida toda a ele. E, além do mais, não é a forma que me atrai, mas sim o conteúdo.

— Então não vai encontrar ninguém para lhe dar o prazer, Neema. Pessoas como nós são muito estranhas, sabe?

— Como assim, ancião?

— Nós não pensamos como a maioria das pessoas. O que nos encanta não está à mostra. Temos de procurar em todos e em tudo até que encontremos. E, às vezes, quando encontramos o objeto de nossa procura, já não temos mais tempo de desfrutá-lo ou já não nos serve mais.

— É isso mesmo, ancião. Somos pessoas estranhas mesmo.

— Tudo para um Iniciado é tão difícil. Sua vida é marcada pela dor, pela mágoa e pela solidão. Busca algo com uma obstinação que, se movida na direção materialista, torná-lo-ia um vencedor no que se dedicasse. Mas não, usa o materialismo só para ajudá-lo em sua busca do objeto tão almejado. Paga um preço que ninguém em sã consciência pagaria. Abdica do prazer, da fortuna e do poder, só para alcançar seu objetivo místico. Sim, como é difícil a vida de um iniciado. Talvez seja por isso que tão poucos sejam iniciados.

— Sim, ancião, é por isso mesmo que tão poucos conseguem tornar-se iniciados. Mas é só porque eles não sabem como é bom ser um Iniciado. Um Iniciado vive pelo seu objetivo e morre por ele. Talvez seja por isso que, às vezes, somos amados e, em outras, odiados. Mas, diga-me, ancião, por que está tão deprimido hoje? Eu nunca o vi assim antes.

— Sinto que meu fim não está longe, Neema.

— Como pode saber sobre o seu fim? Está saudável, forte e tem se alimentado bem. Não há motivos para temer sua partida. Ou está com medo de partir, você que é um Iniciado há tanto tempo?

— Eu não tenho medo de partir. É que já a considero como uma filha. Vou sentir deixá-la sozinha.

— Oh, vejo que finalmente ama uma mulher, além de sua mãe!

O ancião deu um sorriso triste. Sim, finalmente amava uma mulher. A primeira tinha sido sua mãe e a última seria ela, a grande sacerdotisa do oráculo. Uma mãe e uma filha. Sim, só estava faltando a do meio. Mas de que adiantava isso agora? Era hora de despedir-se da carne e ir para o mundo dos espíritos.

— Ancião, você está muito pensativo, eu não gosto de vê-lo assim. Venha dar uma volta pelo santuário, isso o distrairá um pouco.

Neema tomou o seu braço e saiu caminhando pelo templo.

Iam lentamente, Neema não tinha pressa.

Estava envolvendo o ancião. Sim, eu conhecia os seus pensamentos; eles chegaram até o meu ponto de força. Eu só observava Neema. Queria ver como ela faria para arrancar do ancião o encantamento do oráculo. Sim, isso eu queria ver. Ela era esperta, mas ele não era um tolo. Era um Iniciado. Será que ia assinar sua morte? Bom, melhor vocês verem como foi que tudo passou. E como quem não queria nada, perguntou-lhe:

— Ancião, por que você não me ensina como encantar o gênio do oráculo?

— É muito perigoso, Neema, já lhe disse isso várias vezes. Por que insiste?

— Sabe, ancião, eu sou sua sacerdotisa, milênios após o último. Como posso me considerar uma Iniciada por completo se não sei como encantar o gênio do oráculo?

— Você sabe que, se encantá-lo, ele passará a fazer parte de sua personalidade. E, diga-me, quem poderá quebrar o encanto?

— Isso não importa, acharei alguém que o faça por mim.

— Eu sei que você quer descobrir o mistério do oráculo, mas não sabe o risco que corre por esta sua vontade maluca.

— Pois eu só vou saciar esta minha vontade maluca se você me ensinar como encantá-lo. E caso você venha a morrer, quem me ensinará? Acaso posso confiar em mais alguém?

— Você não deve querer isso de verdade!

— Sim, eu quero isso sim! E se você não me ensinar, algum outro o fará por mim, isso eu sei.

— Mas também poderá encantar o oráculo contra si mesma. Não vê isso, Neema?

— Sim, eu vejo tudo, mas não vou encantá-lo contra mim, disso tenha certeza, ancião.

Como se alterou minha pitonisa. Sim, estava furiosa com o ancião. Já se ia retirando, quando ele a chamou de volta.

— Está bem, Neema, vou ensiná-la, mas por toda a eternidade, nunca diga que eu o quis. A culpa pelo que vier a acontecer com você será toda sua.

— Pode ficar tranqüilo, ancião, eu não o acusarei se algo de mal me acontecer.

— Pois então eu vou ensiná-la. Mas será a última coisa que lhe ensino, depois eu vou embora.

E o ancião começou a ensinar Neema. Sim, o ancião sabia como encantar um gênio, isso eu vi, pois eu conhecia todos os encantamentos. Só não conhecia o que me encantava.

Mas até o que me encantava eu ia conhecer.

Do que não são capazes os iniciados?

Sim, são capazes de tudo para conseguir um mistério, um encantamento ou uma magia.

E quando ele terminou, Neema sorria. Sim, ela estava feliz, até parecia uma criança em dia de festa.

Eu queria ver como ela me encantaria. Logo ela convidou o ancião para saírem.

— Vamos, ancião, tenho uma bebida muito especial em meus aposentos, venha provar um pouco.

— Não, obrigado. Vou embora agora, já não precisa mais de mim.

— Quem sabe, depois de tomar um pouco de bebida, você mude de idéia.

— Nunca bebi essas coisas em minha vida e não vai ser agora que vou começar.

— Como? Quer dizer que o ancião nunca provou o sabor de um néctar? Então você não provou de tudo o que há de bom, ancião?

— Eu nunca dei atenção a essas drogas que alteram o sentido de um homem.

— Pois devia provar. Faz muito bem quando estamos deprimidos. E hoje você está deprimido demais.

E tomou novamente o seu braço e o puxou para junto de si. Não, a isso o ancião não podia resistir. Isso eu via em sua alma. O jogo de Neema estava ficando claro. Só o ancião o percebia.

— Não vou beber nada, Neema. Não me force a fazê-lo também.

— Eu não o estou forçando, ancião. Só quero vê-lo feliz um pouco. Afinal, eu nunca o vi baixar a guarda e descontrair-se por um momento. Vive sempre vigilante com tudo. Diria que vigia a si mesmo todo o tempo.

— É isto mesmo, eu me vigio antes de vigiar os meus semelhantes, e você faria muito bem se aprendesse a fazer o mesmo também.

— Pois então beba um pouco e depois o ensine a mim também.

Ela estava encantando o ancião. Sim, isso eu via nela. E o tolo não percebia. Sim, o ancião não era tão esperto quanto eu imaginava.

Comportava-se como um pássaro encantado por uma serpente. Sabia que ia ser devorado por ela, mas não voava para longe. Que ingênuo!

— Eh! você tem razão Neema, o sabor é muito bom. Do que é feito esse néctar?

— Tome, beba mais um pouco dele, mas devagar. Vamos ver se um sábio como você descobre isso também.

E o ancião bebeu mais uma taça. Logo começou a sentir sua cabeça girar.

— Não estou me sentindo bem, Neema. Acho que vou cair, esta bebida é muito forte.

— É que você não está acostumado. Venha, eu vou deitá-lo, assim se sentirá melhor.

— Não, este é seu leito. Ajude-me a chegar ao meu quarto, lá poderei descansar minha mente.

— Não se incomode com isto; vamos, deite-se aí, eu o ajudo.

— Minha cabeça! O que está acontecendo comigo, Neema?

— Nada, ancião. Fique tranqüilo, eu tomo conta de você até ficar sóbrio novamente.

— Você está fazendo algum encantamento contra mim?

— Como pode dizer isso, ancião?

— É que eu sinto como se meu espírito estivesse sendo tirado do corpo.

— É o efeito do néctar. Deixe seu espírito vagar um pouco. Não lute contra isso agora.

E lentamente sua mente foi se apagando.

Neema veio até meu ponto de força e começou a me encantar. Eu não ia ser encantado sem exigir algo em troca. E foi isso que eu disse a ela.

Por fim, ela concordou com as condições e eu deixei que me encantasse.

Sim, primeiro eu tomei a forma da grande Píton, o espírito que anima o gênio do oráculo, e depois ela me encantou.

A Píton tomou a forma de um espírito humano e foi animar o corpo do ancião.

Quando Neema voltou ao seu aposento, o corpo dele já estava habitado por mim.

A um toque dela, o velho corpo do ancião ardia em desejo.

Quem tinha encantado quem, nem eu saberia dizer naquele instante, pois era um atuando sobre o outro.

Sim, para um gênio do ar e guardião do dom ancestral místico do oráculo, tudo é possível, pois tem de estar à disposição do homem quando este o invoca. Esta é a lei. Mas aquilo já era demais.

Neema, a que me encantava sem precisar de encantamentos, agora me havia feito animar o corpo físico de um espírito que a encantara.

Tudo foi muito confuso naquele momento.

Após um longo tempo, Neema não era mais a virgem do oráculo. Tinha provado o prazer em toda a sua intensidade. E tinha conseguido o seu objetivo. Tirou tudo o que o ancião lhe podia oferecer.

Vestiu-se e depois vestiu o ancião. Desfez o encantamento sobre ele e o espírito, formado homem por ela, voltou à sua forma de Píton, a grande serpente do oráculo.

Quando voltei a ser o gênio do ar, retornei para junto deles; ia ver o fim da obra de Neema.

O ancião começava a voltar a si.

— Neema, o que você me fez? E por que o fez? Diga-me, por quê?

— Era preciso fazê-lo ancião, não me pergunte mais nada.

— Como não? Não vê o que fez?

— Eu vi e senti o que fiz, ancião. Não me arrependo do que fiz.

— E pensar que um dia eu vim à sua procura para torná-la uma Iniciada nos mistérios. Para que, se, na primeira oportunidade, você usa tão mal o que eu mais temia ensinar-lhe?

— Eu tinha de fazê-lo, ancião.

— Não, você não tinha de fazê-lo. Não vê que tirou tudo de mim? Até minha semente você tirou. Talvez a última, mas você a tirou de mim contra minha vontade. Com sua ação, eu perco tudo e caio ante meu ancestral místico. Uma eternidade à procura dele e você pôs tudo a perder. Diga ao menos o porquê, Neema!

Dos olhos dele começaram a brotar lágrimas. Neema estava calada. Não emitia uma única palavra.

O silêncio fez-se presente entre eles.

Algum tempo depois, o ancião saiu cambaleando rumo ao seu quarto. Ia embora.

A pitonisa estava estática. Não conseguia pensar em mais nada. O seu rosto tão belo já não tinha o encanto de antes. Ela sabia o que tinha feito e o porquê.

Quando percebeu que o ancião tinha saído, foi atrás dele.

Ao chegar ao seu quarto, ficou pálida. O ancião agonizava, caído no chão. De sua boca corria um filete de líquido verde. Havia se envenenado.

— Ancião, por que fez isto? Não era preciso matar-se. Não era mesmo!

— Eu não me matei, Neema. Só completei o que você começou em seu aposento.

— Eu não desejava isso para você.

— Mas quis provar o encantamento do oráculo. E usou-o contra si mesma. Como eu parto triste! Pensava que um dia poderia tê-la junto a mim em espírito ao menos. Agora nem isso terei. Você me tirou tudo, Neema. Tirou meus mistérios, meu ancestral místico, meus encantamentos e me tirou até você mesma! A única mulher que amei, além de minha mãe. Agora não tenho mais nada. Perdi tudo de uma só vez. Meon, onde está você? Até você me foi tirado! Que dia infeliz foi aquele em que soube que você procurava pelo Iniciado Meon. Até ele você me tirou. Melhor foi tirar a vida e cair no lado escuro. Ao menos lá eu serei bem recebido.

Deu seu último suspiro como ente encarnado.

Neema chorava sobre o seu corpo. Começou a falar então:

— Não, ancião, eu não o matei. Muito pelo contrário, eu estou lhe dando a vida, não percebe isso? Não vê que esta é minha prova? Não sabe que seu ancestral místico é o mesmo que o meu? Não, ancião, isso você não sabia. Como também não sabia que fui sua mãe e que tinha de tornar a sê-lo mais uma vez? Não, você não sabia disso. Como também não sabia que quem me ordenou a fazer isso foi nosso próprio ancestral místico? Não sabia que ele o privou do dom da visão por sete anos, mas a mim foi muito pior? Privou-me do livre-arbítrio por sete milênios. E que só para cumprir sua ordem, eu encantei o oráculo, e dele agora eu sou mais uma encantada? Não, você não sabe disso também, e assim como não sabe que você sempre foi o objeto de minha procura e que, quando o encontrei, eu o perdi novamente? Como eu o procurei, ancião! Sempre estivemos juntos, mas sempre separados, porque assim o quis nosso ancestral místico. Não, você não sabia de nada disso também. Assim como não sabia quem foi o homem que amou sua mãe e pouco depois foi assassinado, e por isso não voltou nunca mais. Sim, quantas coisas você não sabia, ancião! Mas tudo isso eu sei, porque foi nosso ancestral místico que o revelou para mim. E também não sabia que hoje você morreria de qualquer forma e foi por isso que Meon não o ajudou? Mas eu sabia que hoje você morreria e tive de tirar sua semente para que logo volte até mim. Sim, ancião. Tudo isso eu sei. Assim como sei que o terei novamente junto a mim e não poderei amá-lo como um homem, mas tão-somente como um filho. Tudo isso eu sei, ancião. E também sei que será você a única pessoa a quebrar o encanto do oráculo sobre mim. Só não sei de uma coisa, ancião. Eu sempre o chamei de ancião, nunca me preocupei em saber seu nome e agora é tarde para perguntar-lhe: Qual é o seu nome, ancião?

E Neema caiu no pranto dos que amam e sofrem.

Sim, como chorou Neema. Até eu, o gênio do oráculo, sentia pena dela.

Eu sou o oráculo, o primeiro mistério do primeiro símbolo. Eu sou o som que ecoa em todos os entes humanos e faço parte do ancestral místico da luz do saber. Eu sou o dom que permite sua divulgação a toda a humanidade.

Eu sei tudo sobre o passado, o presente e o futuro. Conhecia o ancião e Neema. Eles é que não me conheciam. Não sabiam que o oráculo encanta a quem dele se aproxima.

Como são estranhos os místicos e os iniciados!

Buscam seu objeto e, quando o encontram, são obrigados a abandonar tudo por causa do próprio objeto amado.

O sonho dos místicos e iniciados não pode ser alcançado, pois, se assim for, voltam a fazer tudo novamente.

Sim, como são estranhos mesmo! Mas, não são insossos como os mortais comuns. Não, os místicos têm um encanto que encanta a quem deles se aproxima. Sim, isso têm, sabem por quê?

É que o ancestral místico são eles e eles são parte do ancestral místico.

Sem os místicos e iniciados, o mundo não seria o mesmo, perderia muito do seu encanto, e a vida, muito do seu sentido de ser.

Sim, disso tudo eu sei, pois sou o gênio do oráculo. Um dos sete dons ancestrais místicos. Sim, isso eu sou.

Capítulo 7

Delfos

Neema continuou com sua provação. Sem ela, sua vida não teria sentido. Fora escolhida para isso por apresentar melhores condições de sucesso.

Sim, um dom ancestral místico sabe tudo o que o ser humano precisa. Este é que não sabe tudo sobre o dom ancestral místico.

Quando nasceu o filho de Neema, ela o chamou pelo nome de Delfos.

Posso afirmar que a criança era bela. Possuía algo que transmitia encantamento a quem a visse.

Honrava o pai, a mãe e o gênio do oráculo.

No templo, todas as pitonisas disputavam sua posse.

Como a origem de Delfos não poderia ser revelada, Neema começou a dizer que ele era filho de Apollo, o deus da luz do saber.

E como a palavra da sacerdotisa era a voz do oráculo, e todas serviam ao oráculo, a história não foi contestada.

De certa forma, Neema não estava errada na sua versão a respeito da origem de Delfos, o seu filho com o ancião, sendo animado pelo gênio do oráculo para poder dar-lhe a semente da árvore que ia germinar no culto à Natureza de forma alegórica.

Sim, Delfos era isso. Filho de Neema e do ancestral místico.

Por que faço afirmação tão ousada?

Simples. A bela Neema curvou-se a uma ordem do seu ancestral místico e tudo fez para realizá-la.

Não se importou com o preço a ser pago.

Só que sua versão final de como foi a origem de Delfos foi absorvida por outros iniciados cinco mil anos depois, dando origem a outro culto. Sabem de quem eu estou falando, não?

Bom, se não sabem, então eu estou falando ao vento.

E se sabem, então, creiam-me, tudo foi verdade. Neema existiu. Delfos, o filho do senhor da luz do saber, existiu.

Disso tudo eu sei, pois sou o dom ancestral místico oracular. Sou parte do verbo.

Mas voltemos à história de Neema e Delfos.

O tempo passava rapidamente para Delfos.

Com 6 anos, já era um gênio. Entendia tudo o que lhe falavam sobre o ritual do culto à Natureza.

E não se pode dizer que Delfos fosse um infeliz. Não, isso não. Sua beleza cativava todas as pitonisas. Ele trazia em seu espírito um pouco da força da próprio gênio do oráculo, encantado por Neema, para alcançar seu objetivo.

Sim, ele trazia este encanto, e por isso Neema temia pelo seu futuro.

Delfos mexia com o sentimento mais íntimo de suas pitonisas. Isso podia ser um problema no futuro dele.

Neema fez erigir próximo ao templo do oráculo um templo a Apollo, o deus da luz do saber, e alojou nele Delfos, o filho do oráculo.

Com 11 anos, Delfos foi Iniciado nos mistérios maiores. Os menores, já conhecia todos.

Mas apesar de conhecê-los, não os respeitava muito.

O desejo que ardia em seu espírito não o deixava em paz. Era o encantamento que cobrava o seu preço.

Sim, isso eu sabia que aconteceria um dia. E Delfos trazia-o em toda a sua força.

Quando Neema começou a lhe ensinar os mistérios maiores, Delfos já não ouvia mais a voz da razão.

O fogo queimava em seu interior. Sua mãe levou-o até o ponto de força do oráculo. Quando lá chegou, começou a lhe falar:

— Delfos, olhe para o interior e diga-me o que consegue ver.

— Eu não vejo nada, Neema, por quê?

— Olhe com atenção, vou ajudá-lo a ver.

E, após dizer isso, pôs sua mão direita sobre a cabeça do pequeno Delfos.

Aos poucos, sua visão mística foi se abrindo e Delfos deu um grito de pavor.

Neema tranqüilizou-o.

— Não tema o que vê, Delfos, você não corre perigo algum. Só me diga o que vê, nada mais.

Após acalmar-se, Delfos falou:

— Eu vejo uma serpente gigantesca que sussurra para mim algo que não compreendo. Parece que me chama para o interior do abismo.

— Você deve resistir ao chamado de Píton, a encantada.

— É muito forte o sussurro, Neema.

— Ainda assim, você tem de resistir. Senão ela o engolirá.

— Eu tenho medo dela.

— Não deve temê-la nunca. Um dia vai ter de subjugá-la.

— Mas como, se é tão grande e seu sussurro deixa-me atordoado?

— Eu vou ajudá-lo a vencer o seu encantamento, mas você vai ter de me ajudar nessa tarefa.

— Eu farei o possível. O que devo fazer?

— Tenho de lhe ensinar os mistérios maiores e com eles você poderá vencer Píton, o espírito que anima o gênio do oráculo. Mas você tem de controlar os seus desejos.

— Como sabe dos meus desejos? — o menino perguntou espantado.

— Eu o vigio em tudo, Delfos. E sei que isso acontece com você.

Após se refazer do susto por ter sido revelado seu desejo, falou:

— Eu não posso controlá-lo, Neema. É algo que não sei explicar. Quando estou junto às pitonisas, sinto desejos incontroláveis.

— Ainda é uma criança, Delfos. Se não controlar agora seus impulsos, não poderá fazê-lo no futuro, e não cumprirá bem a sua missão.

— Como controlá-lo, Neema?

— Ainda não sei, mas vou descobrir. Só me ajude, está bem?

— Isso eu vou tentar, prometo-lhe. Mas o sussurro que chega aos meus ouvidos agora parecem gargalhadas. Sim, parece que a Píton zomba de mim. Diz que eu ainda vou ser dela um dia.

— Vê por que tem de controlar seus desejos?

— Agora ela está vindo em minha direção, Neema.

— Fique calmo, eu estou ao seu lado, Delfos.

— Ela está à minha frente, pronta para dar um bote. O que faço?

— Não faça nada, só pense em Apollo, o deus da luz do saber. Faça-o com todo o poder da sua mente.

E Delfos o fez. Sim, como possuía um mental vigoroso o menino!

— Ela se desarmou, Neema. O que faço agora?

— Continue mentalizando o deus Apollo e ordene que Píton venha até você e enrole-se ao redor de seu corpo.

— Eu tenho medo. Como posso fazê-lo?

— Confie em Apollo, o deus da luz do saber. O gênio do oráculo é só um dos seus mistérios e você tem de dominá-lo agora, ou não poderá servi-lo com o respeito que precisa.

— Vou tentar, Neema. Não sei se vou conseguir.

— Confie em si mesmo e vencerá a grande Píton.

E o pequeno Delfos concentrou-se em Apollo, o deus da luz do saber.

Um facho de luz vindo do alto envolveu-o todo. Isso Neema via e eu também, pois era a mim que o pequeno Delfos tinha de vencer.

Eu lutava contra ele. Levava à sua mente a minha voz, ou melhor, o meu sussurro. Isso o deixava desequilibrado, a luz do alto diminuía. Eu tinha por objetivo apagar a luz, e ele, levar-me ao interior dela. Era uma luta mental contra um gênio do dom ancestral místico oracular.

Neema ajudava-o, isso eu via, mas não podia desviar minha atenção dele, senão seria vencido.

— Vamos, Delfos, firme sua mente em Apollo e ordene a Píton que o envolva todo. Se confiar em si e no deus, ela se submeterá aos seus desejos. Faça-o sem medo. Tire-o de sua alma. Vença o seu medo, Delfos, só assim poderá servir a Apollo, o deus da luz do saber.

— Eu estou vencendo a Píton, Neema. Ela está vindo em minha direção.

— Não se desligue do deus da luz do saber, não importa o que aconteça. Não deixe que ela o engane.

— Ela está assumindo uma forma feminina, Neema.

— Não se deixe iludir, Delfos. Ela só está tentando quebrar sua força mental com o que mais o incomoda.

— É muito linda a moça. Sim, como é linda!

— Delfos, volte a si, ou vai ser engolido pelo encantamento da Píton. Pense no deus Apollo. Peça-lhe forças para resistir ao encanto da Píton.

— Estou tentando, Neema. Mas não consigo desviar meus olhos dela, é muito bonita.

— Você pode e vai fazê-lo já. Lembre-se de que eu o consagrei ao deus da luz do saber. Você tem de subjugá-la agora mesmo e tirar dela todos os seus mistérios. Se tirar da Píton, a encantada, os seus segredos, poderá servir bem a Apollo.

— Mas e a moça, como vencê-la, Neema? Ela diz que é você, e se eu vencê-la, vou destruí-la, Neema.

— Isto é só um jogo de palavras, não creia nela.

— Ela diz que me deseja e vai possuir-me.

— Volte toda a sua força mental ao deus da luz do saber. Eu lhe falo, ela só sussurra. Eu o levo à luz e ela só quer levá-lo ao abismo. Escolha logo, Delfos, a luz que o envolve está por um fio. Se você a deixar apagar-se, seu espírito será lançado no abismo e se perderá por toda a eternidade.

— Sim, Neema, eu o servirei por todo o sempre.

— Quanto à moça bonita, olhe nos seus olhos, veja como não são humanos! São ainda os olhos da Píton que está encantando os seus sentidos.

— Sim, eu vejo, são os mesmos olhos de Píton.

— Pois então liberte-se agora de seu encanto, Delfos. E tire-lhe todos os segredos de uma só vez. Assim terá o gênio do oráculo a servi-lo por toda a eternidade. Vença por mim, Delfos. Só você pode fazê-lo, ninguém mais.

E o pequeno Delfos foi envolvido por uma luz dourada. A luz do saber envolvia-o densamente.

Eu fui subjugado a ela. Era o ancestral místico fazendo-se presente na forma de luz.

Ele era Delfos. E Delfos, parte dele.

Sim, Delfos venceu-me. Tirou todos os meus segredos de uma só vez quando fui atraído pela luz do deus Apollo, senhor da luz do saber. Eis que, a partir daquele dia, eu seria o Oráculo de Delfos, o servidor de Apollo, deus da luz do saber.

O ancestral místico impunha-se sobre os três novamente.

Neema tinha salvo a reencarnação do ancião do meu encanto.

E quanto a Delfos? Bem, só o tempo diria se ia saber usar o poder adquirido em sua maior prova.

Melhor deixar sua própria história dizê-lo:

— Neema, eu venci a Píton, a serpente que anima o gênio do dom oracular. Eu venci, Neema!

— Você venceu, Delfos, mas graças ao deus da luz do saber, Apollo. É a ele que você tem de creditar sua vitória, pois se fosse só por si, não teria vencido a Píton.

— Sim, eu sei disso, Neema. Sentia estar sendo atraído para o abismo.

— Vamos para o templo do deus agora. De hoje em diante, este oráculo será chamado de Oráculo de Delfos, servidor do deus Apollo, deus da luz do saber. E você será o seu servidor por toda a eternidade. Vamos, é hora de conhecer os mistérios maiores que animam a Natureza. Você os propagará por todos os lugares, continuando o que tenho feito até agora, só que com mais facilidade.

— Sabe qual a forma da moça que a serpente encantada assumiu?

Neema sabia qual tinha sido a tentação a Delfos.

— Não. Qual foi, Delfos?

— Parecia com você, só que mais nova. Era muito bonita. Você foi bela como eu vi, Neema?

— Bobagem, Delfos. Foi só um encantamento do gênio para vencê-lo. Ainda bem que você não se deixou iludir.

— Não sei não. Acho que devia ter ido ao encontro dela. Acho que ia gostar.

— Nunca faça isso, Delfos. Domine seus desejos acima de tudo. Nunca se deixe levar por eles.

— Sim, Neema, vou tentar.

— Não tente, faça-o!

E mais não falaram.

Eu ainda vi o menino olhar para trás e, depois, para Neema. Isso o incomodava e o atormentaria para sempre. Procuraria em todas as mulheres a forma de Neema quando ainda jovem.

Sim, isso eu sabia que aconteceria ao jovem Delfos. Ninguém foge ao seu destino. Isto eu contemplaria em silêncio. Não ia dizer a Delfos que o objeto do seu desejo era sua própria mãe, Neema. Não, isso o ancestral místico não permitiria.

Ele era Delfos e Delfos, parte dele.

Como parte do ancestral místico da luz do saber, Delfos era seu instrumento. E como todo bom instrumento, não pensa, executa.

Quanto a Neema, bem, ela também não esqueceria o seu objeto amado. Mas não faria nada para interferir na ordem do ancestral místico.

Isso eu sei que ela não faria, pois fora entregue por ele aos seus cuidados.

E como um dos mistérios da luz do saber, eu não falharia também.

Sempre haveria uma luta entre mim e Delfos para ver quem ficaria com Neema.

Capítulo 8

A História de Delfos

Delfos venceu o oráculo, foi elevado à condição de sacerdote do templo de Apollo. Isso Neema fez. Era uma ordem do ancestral místico; com 13 anos, já oficializava os rituais ao deus da luz do saber.

Após essa vitória, Neema passou-lhe todos os mistérios, tanto os maiores quanto os menores, os da luz como os das trevas. Delfos foi concentrando tanto saber quanto poder.

Era o início da carreira de um mago poderoso. Neema regrava sua conduta. Não permitia que Delfos fugisse ao que determinara o seu ancestral místico.

Ele tentava fugir ao seu dever. Vivia no meio das jovens do templo. Trazia em si o encanto feito para gerá-lo: o encanto do desejo.

E como era o eleito de Neema para dirigir o santuário do oráculo, prevalecia-se do seu cargo para seduzir as jovens.

Não que precisasse disso; era muito bonito o jovem Delfos.

E unia o poder à sua beleza para conseguir o que desejava.

O gênio do oráculo a tudo assistia em silêncio. Sim, o jovem trazia em si tudo o que pode pôr alguém no caminho das trevas.

E foi este o caminho que restou a Delfos. A virtude não convive com o desejo. Ou escolhemos um ou outro, mas nunca poderemos conciliar os dois em uma mesma pessoa.

Neema observava o filho. Não sabia como dominar o seu desejo.

Um dia a própria pitonisa consultou o oráculo.

Como agir com Delfos?

Contra um desejo, não há antídoto senão deixar que o tempo o esgote. Essa foi a resposta à consulta.

Eu a tudo assistia em silêncio. Ia assistir à queda de um Iniciado. Seria interessante ver até onde alguém chega quando é lançado na senda do desejo incontrolável e inexplicável à luz dos encarnados.

Delfos sofreria o tormento do desejo em toda sua potência. Sim, isto eu veria acontecer com ele.

Mas deixemos que a história seja contada pelos próprios protagonistas.

Neema chamou Delfos ao seu aposento:

— Delfos, sente-se, vamos conversar um pouco. Tenho de saber o que acontece com você.

— Nada acontece comigo, Neema, esse é o problema.

— Como não, se você está causando desarmonia no templo do deus da luz do saber e até aqui no santuário do oráculo.

— Ora essa! O que tenho eu feito de errado?

— Está se envolvendo com todas elas e isso não é certo. Você está perturbando o culto com seus impulsos.

— Mas são elas que me procuram, não sou eu quem vem aqui. Elas é que vão com o pretexto de levar oferendas ao deus Apollo só para ficar junto a mim.

— Entendo. Mas diga-me: você acha que é certo o que vem fazendo?

— O que é certo, Neema?

— Você se faz de desentendido quando lhe falo, Delfos. É como se eu não lhe tivesse ensinado nada. Age unicamente movido pelo desejo.

— Mas não tenho cuidado bem dos rituais e também mantido o templo do oráculo em ordem?

— E o que importa se você faz bem o que tem de fazer, se falha na sua conduta?

— Só porque eu me envolvo com as moças? Isso não quer dizer que estou falhando. Os rituais estão se tornando populares por toda a região. Os deuses estranhos desapareceram. Já não se fazem mais sacrifícios humanos daqui até a costa marítima e, ao norte, a maioria das aldeias tem os templos dos deuses. Que mais posso fazer?

— Aperfeiçoar a si próprio. É isso que o deus quer, nada mais.

— Se ele não me quisesse assim, não me teria dado essa qualidade, Neema.

— Isso não é uma qualidade, quando usada da forma com que você a utiliza.

— Bobagem sua. Eu tenho pleno controle sobre meus impulsos. Eu sei o que os move.

— Se sabe tão bem o que os move, então está enganado em sua conduta. Acha que pode prejudicar tantas moças e ficar impune por muito tempo? Acha que a divindade vai permitir que você o faça por todo o sempre?

— No dia em que ela achar que não sirvo mais, então que me aniquile de uma vez por todas.

Delfos, ao pronunciar essa frase, ficou sombrio. Sua voz trazia uma revolta implícita.

Neema tornou-se carinhosa com ele.

— Por que fala assim? Não vê que não compreende sua própria natureza?

— E como é minha natureza, Neema?

— Talvez um dia eu seja obrigada a falar dela pelo seu próprio bem, Delfos.

— E por que não me fala dela agora? Eu gostaria de ouvir. Você é a única que me pode entender e não me ajuda se acha que estou agindo errado.

— É que eu quero que você o faça sozinho, sem minha interferência. Será muito melhor assim.

— Vou parar de me envolver com as moças do oráculo. Afinal, elas não têm o que eu procuro. Para que perder meu tempo com elas?

— Não percebe que já lhes deu uma ilusão ao tê-las sob seu domínio?

— Isso não foi nada, Neema. Apenas encontros furtivos, e só.

— Para você foi só um encontro. Mas para elas, não. Amam-no, e isso é o que mais me incomoda.

— Só por que me amam? Não está com ciúmes, está?

— Não seja tolo. É meu filho, e não sinto ciúmes de você. O que quero é que cumpra com o que lhe foi confiado da melhor forma possível. O deus da luz do saber iria engrandecer-se muito com uma conduta sólida de sua parte.

— Eu já disse que não vou mais me envolver com suas pitonisas.

— Isso eu já ouvi. Mas não fuja ao assunto. Eu estava lhe falando do mal que você faz a elas.

— Só porque lhes dou um pouco de prazer eu as prejudico? Onde está a lógica disso, Neema?

— O prazer sem o amor não é benéfico a ninguém, entenda isso e solucionará seu problema de uma vez por todas.

— Como, se o amor não está ao meu alcance?

— É a imagem do oráculo, não?

— Sim e não.

— Fale-me disso, Delfos. Quem sabe eu possa ajudá-lo.

— Não quero falar deste assunto, Neema.

— Você deve falar, só assim vencerá a si. Se um dia pôde vencer o encanto do gênio do oráculo, isso não será difícil para você.

— Vencer o encanto que vem de fora é fácil, mas como vencer um que é nosso? Se morre o nosso próprio encanto, nós ficamos parecidos com uma bela flor sem aroma algum. Esta é a verdade.

— Mas você não é uma pessoa comum, Delfos, tem um dever a cumprir.

— Por isso mesmo, Neema. No dia em que eu matar o objeto do meu encanto, morro junto. E então, de que adiantará eu não ser uma pessoa como as outras?

— Procure entender o seu destino e poderá dedicar-se à sua missão sem magoar mais nenhuma moça do templo.

— Não darei ilusão a mais ninguém, não se preocupe com isso, está bem?

— Não me preocuparei, Delfos, confio em você. Mas e você, como ficará?

— Eu estarei, bem. Não quero ser um fardo para você, Neema.

— Nunca foi um fardo para mim, Delfos. É que quero só o melhor para você. Não deixe que a imagem o incomode mais, está bem?

— Sim. Mas você sabe que não é uma imagem que me incomoda. É algo muito mais forte que uma imagem.

— Sim, eu sei disso, Delfos. Mas confio que vencerá isso também.

— O tempo dirá, Neema. Vou sair um pouco do templo. Talvez isso me ajude.

— Talvez. Para onde vai desta vez?

— Não sei, acharei o meu caminho, mas não vou me preocupar com isso.

— Avise-me quando for partir. Eu aguardarei o seu regresso.

— Até a volta, Neema.

E Delfos voltou ao templo de Apollo. Tinha uma idéia de como livrar-se do encanto que o movia atrás das jovens do templo.

Se ali ofendia os deuses, fora não teria problema algum.

E o jovem Delfos partiu do templo do deus da luz do saber, Apollo.

Sua vida ia sofrer uma transformação de outra ordem, em sua missão de espalhar os mistérios de forma alegórica.

Partiu rumo ao norte. Ia sem pressa. O jovem Delfos deixava para trás a vida fácil e monótona do templo.

Agora não tinha de se preocupar com os rituais e oferendas ao deus Apollo, nem com o oráculo.

Ia descobrir como a vida é diferente para os mortais comuns.

Após alguns meses de caminhada, Delfos chegou à região que, futuramente, chamar-se-ia Macedônia.

Por toda a região imperava o barbarismo religioso.

Os rituais não tinham relação nenhuma com os mistérios que ele tão bem conhecia. Mesmo o povo era diferente nos costumes. E isso foi o princípio da mudança de Delfos.

Ouviu falar de uma poderosa mulher, foi ao encontro dela. Quando chegou a casa, assustou-se com o que viu.

Ali tudo era luxuoso. O ouro resplandecia à primeira vista. Devia custar muito caro o acesso a ela.

Mas qual não foi a surpresa do jovem Delfos ao ver o interesse que ela demonstrou por ele.

— Entre, rapaz, eu já esperava sua visita.

— Como podia saber que vinha visitá-la? Alguém lhe comunicou meu interesse?

— Não, apenas eu já havia visto você no meu cristal antes.

— Ah! Vejo que é uma feiticeira, não?

— Sim, eu sou isso mesmo. E é por causa disso que sou temida. Sei com antecedência quem virá até mim.

— Bom, eu não a temo e creio que não me teme.

— Sim, isso é certo. Mas por que alguém como você viria até mim?

— Talvez curiosidade. Quem sabe eu quisesse ver como são os cultos por aqui?

— E o que pode ter de interessante aqui? Somos um povo pobre e também diferente de vocês. Acho que nada do que nós temos pode agradá-lo. Quem pode dizer o que agrada a um viajante? Penso que só o próprio pode dizer, não?

— E o que lhe agrada, viajante?

E a mulher deu uma gargalhada. Sim, como era confiante. Sentia-se dona da região.

Delfos olhou melhor para a mulher à sua frente. Sim, apesar de não ser jovem, ainda conservava uma beleza.

— Acho que o que me agrada não está ao alcance de um simples viajante. Melhor saber o que tem a oferecer, feiticeira. Se sabia de minha vinda, então deve saber também o que procuro.

— Sim, jovem Delfos, eu sei o que procura. Só lhe posso oferecer uma parte, esta eu tenho. Quanto à outra, você a teve ao seu alcance e nunca soube.

— Eu não a entendo, feiticeira. Fala por enigmas.

— Hera é meu nome, Delfos. E sou mesmo enigmática.

— Você se parece um pouco com quem eu já conheci e não pode ajudar-me.

— Talvez eu possa auxiliá-lo, se você aceitar o meu convite e for meu hóspede por esta noite.

— Aceito, Hera, mas não tenho nada para oferecer em troca de tão agradável convite.

— Isso eu decido. Se tiver algo bom, eu saberei tirar-lhe, Delfos. E nem o perceberá, pois darei alguma coisa em troca.

E tornou a gargalhar, no que foi acompanhada por Delfos. Os semelhantes atraem-se como ímãs poderosos.

Delfos não ficou só aquela noite. Muitas noites se passaram desde então. Parecia que Delfos estava encantado por Hera, tal era o domínio dela sobre ele.

Mas o espírito de Delfos ela não dominava. Era ali que Delfos recolhia-se por algum tempo, mas a mente vagava a lugares muito distantes.

Aprendeu com Hera o prazer que embriaga um homem, mas não deixou de buscar seu objeto em outros lugares que não a casa dela.

Hera ou não percebia ou fazia de conta, pois o jovem não ocultava muito os seus atos. Logo corria de boca em boca que o jovem Delfos havia encantado Hera, a poderosa feiticeira.

Quando Delfos já era bastante conhecido no local e ainda contava com a proteção de Hera, tomou uma decisão.

— Hera, vou fundar aqui um templo ao deus Apollo.

— Não seja tolo, Delfos, este povo não entenderia nada e você teria uma decepção a mais em sua vida.

— Creio que não, está na hora de eu fazer algo de útil para esta gente toda.

— Como vai consegui-lo, Delfos? Acaso acha que é tão simples assim?

— Só saberei se tentar, e você vai me ajudar nesta tarefa.

— Não conte com isto, Delfos. Acaso pensa que vou dividir o meu poder com você?

— E por que vai ter de dividir? O certo não é dividir, mas sim multiplicar. Nós multiplicaremos os poderes, tanto o seu, quanto o meu, Hera.

— Você é muito inteligente, Delfos, mas creio que não sabe o que está fazendo.

— Sei, sim, Hera. Ceda-me um pouco de sua riqueza e eu lhe provarei o que digo.

— Não sei por que eu concordo com você, Delfos. Será que você me encantou também?

— Eu lhe garanto que não fiz isso. Talvez seja porque nós somos iguais.

— E no que somos iguais?

— Fazemos o que nos agrada e não nos incomodamos com o que os outros possam pensar.

— Sim, nisso somos iguais. Vou ajudá-lo, mas se perceber que está me enganando, eu o destruo, Delfos.

— Não terá este trabalho, Hera. Eu conheço o seu poder. Mas por que pensa tal coisa de mim?

— Eu tenho visto você sorrindo muito para as moças da aldeia.

— Isso é só parte do meu plano. Tenho de arrumar sacerdotisas para meu templo.

— Sei! Acha que acredito nisso, não?

— Vamos, não pensa que eu possa enganá-la, ou pensa?

— Eu não penso nada, Delfos, só observo. Mas deixemos isso para outra hora; agora quero algo para compensar a ajuda que vou lhe dar.

E Delfos compensou Hera. Sim, essa era a forma com que ele podia compensar alguém como ela.

Logo, Delfos fez erigir um templo ao deus Apollo. Não abandonou Hera, mas já não estava à sua disposição o dia todo nem à noite.

Quando da realização do primeiro ritual ao deus Delfos, mostrou todo o seu poder e conhecimento dos mistérios.

Em pouco tempo, a fama do templo irradiou-se por toda a região.

Muitos conseguiam graças maravilhosas com as oferendas feitas ao deus Apollo, senhor da luz do saber.

Delfos não se descuidava de Hera. Se ela quisesse, poderia destruir sua obra. Por isso dizia a todos que foi Hera quem mandou construir o templo ao deus Apollo.

Quando Hera soube disto, ficou envaidecida, mas não deixou transparecer. Chamou Delfos para esclarecer qual era o seu plano.

— Não tenho nenhum, Hera. O que tinha em mente, já fiz. E quanto ao plano sobre o qual você interroga, eu só creditei a quem é de direito a honra pela construção e divulgação do deus Apollo, senhor da luz do saber.

— Mas por que alguém faria isso? O que ganha com essa história de que eu é que mandei erigir o templo?

— Eu não ganho nada. Meu prêmio será quando já tiver ensinado os mistérios a esta gente. Esta região se tornará um ponto de irradiação das divindades.

— Cuidado, Delfos, você está se tornando muito poderoso por aqui.

— Eu não lhe estou tirando nada, Hera, muito pelo contrário. Multipliquei seus consulentes e sua riqueza; que mais poderia fazer eu?

— Não me trocar pelas jovens que vão ao templo. Isso você poderia fazer.

— Eu não me dou às jovens do templo, Hera. Isso eu não faço. Um dia prometi a alguém não misturar as coisas nem interferir no bom desenvolvimento dos rituais. Por isso eu não toco nas jovens que se dispuseram a servir no templo. Eu só lhes estou passando os mistérios, nada mais.

— Aquelas que você está ensinando, não. Mas as outras que vão lá, o que me diz?

— Não me diga que está com ciúmes daquelas jovens?

E deu uma gargalhada. Sim, Hera estava com ciúmes do jovem Delfos.

Isso ele viu em seus olhos. E um tremor correu pelo seu corpo de alto a baixo. Ela era poderosa, não podia desafiá-la assim.

Tomou mais precauções em relação a Hera. Ela era uma feiticeira poderosa.

Já fazia oito meses que Delfos se dedicava ao preparo das jovens; logo, seria a festividade anual do deus Apollo. Queria vê-las todas preparadas para que realizassem o ritual por todas as aldeias. Queria encantar a todos com os rituais do deus Apollo.

Quando da realização, na primavera, Delfos convidou Hera para presidi-los.

— Não posso tirar o seu lugar, Delfos. Isso tudo é obra sua, não vou tirar os méritos que lhe pertencem por direito.

— Você não estará tirando nada de mim, Hera. Eu sei quando algo me pertence e quando não. E o templo e tudo o mais lhe pertencem. Nada disso é meu. Só divulguei os mistérios, nada mais.

— Engana-se, Delfos. Quanto a mim, não enganou nunca. Eu o conheço, sei quem você é e o mais importante, sei o que tanto procura e não encontra em nós, mulheres.

— Como pode saber tanto, se nunca falei nada sobre mim, Hera?

— Eu posso saber o que quiser, Delfos, não se esqueça disso nunca...

— Eh! Eu já notei isso em você. Acaso sabe o que estou planejando fazer após as festividades do deus Apollo e a consagração das jovens, Hera?

— Não, isso não. O que planeja, Delfos?

— Ir embora daqui. Acho que estou perdendo o meu tempo.

— Você não pode me abandonar, Delfos. Eu o esperei por muito tempo. Não me incomodei com suas fugas, pois o que importava era tê-lo comigo. Por que me abandonar agora?

— Não consegui encontrar o que procurava, Hera. Portanto, não vou enganá-la e nem a mim. Gosto de você, mas amá-la, não. Isso é só uma ilusão, Hera.

— Você pode não me amar, mas eu o amo e isso é o que me importa. Não me abandone nunca ou vai se arrepender, Delfos.

— Bom, já a avisei dos meus planos, faça o que achar melhor.

E após essa conversa, o rapaz afastou-se. Sabia que Hera tinha o poder de atingi-lo, mas que importava isso? Não o modificou para melhor, não poderia piorar o seu estado.

Quanto ao tão temido poder de Hera, também tinha o seu. Se fosse necessário, usaria isso também.

Quando se encerraram as festividades e a iniciação das jovens, Delfos viu que já não podia ficar mais ali. Iria interferir na vida das jovens.

Ainda ficou alguns dias fazendo alguns preparativos para poder ir embora.

Hera estava triste com a partida de Delfos. Ele a convidou para a cerimônia de despedida do templo.

— Eu não tenho o direito de estar no recinto sagrado.

— Você pode e irá até lá, eu a aguardo ao entardecer.

Na hora marcada, Hera criou coragem e foi até o templo.

Delfos fez todo o cerimonial de abertura dos rituais:

— Salve Apollo, senhor da luz do saber, eis que estamos diante de ti mais uma vez, nós que vivemos para te servir e completamonos com a luz que emana de ti a todo ser vivente. Que teus mistérios aqui revelados permaneçam para todo o sempre guardados nos teus templos, que haverão de se espalhar para todo este povo. Que teu saber ampare as tuas sacerdotisas no desenvolvimento do culto à Natureza. Que teus mistérios aqui ocultos sob símbolos perdurem para todo o sempre nos corações dos que te servirem. Que tu, Apollo, o deus da luz do saber, não morras jamais no coração do ente humano. Que tuas glórias espalhem-se de boca em boca por toda a Terra. Que teus encantos ocultos, revelados de forma alegórica por teus servidores, encantem a mente de todos os que de ti se aproximarem. Não sou o teu melhor servidor, nem o mais puro, mas a ti sou dedicado. Que os que aqui ficam encarregados dos teus mistérios saibam honrar-te com dedicação e sabedoria.

Feito isso, Delfos virou-se para as jovens que ouviam suas palavras com tristeza e ainda lhes pediu:

— Quando de suas preces ao deus da luz, orem por Delfos. Vou precisar de suas preces para poder encontrar o que tanto procuro.

As jovens olhavam-no tristes. Qual o mestre que possuía o atributo do saber unido à beleza?

Delfos deixava atrás de si uma porção de corações e mentes apaixonados por ele. Não sabia que havia deixado um dos pontos de força do deus da luz do saber que mais duraria na face da Terra.

As jovens souberam manter vivos os mistérios no coração daquele povo. Quando a Grécia sofresse profundas modificações, aquela região saberia manter os mistérios e adaptá-los à situação presente.

E mesmo quando a devassidão tomasse conta daquele povo, ainda assim elas conservariam os mistérios.

Isto tudo nem Delfos nem Hera sabiam.

— Adeus, Hera, não guarde mágoas de mim, pois levo de você boas lembranças.

— Eu pensei muito em como mantê-lo ao meu lado, Delfos, mas nenhuma de minhas idéias eram boas. Como poderia segurar à força o que tanto gostaria que fosse meu?

— Eu não posso ser seu, Hera, pois não tenho alma. Sou só um corpo animado por um espírito, mas quanto à alma, esta me foi tirada. E sem alma não correspondemos a quem nos ama. Sinto ter surgido no seu caminho. Não era minha intenção magoá-la; faça a magia que quiser para se vingar de mim, não lutarei contra você.

— Já pensei nisso também, Delfos.

— Pois faça-a, não reagirei.

— Como poderia fazer isso? Não sou uma boa mulher, mas não teria coragem de destruir o objeto do meu amor. Esperei por você a vida toda e só há pouco você apareceu na minha vida. Por que não surgiu quando eu era jovem? Não me teria tornado o que sou hoje, uma mulher temida, mas não amada. E como eu gostaria de ser amada, Delfos!

— Eu não a amo, mas a respeito e compreendo a sua dor, Hera.

— Sim, eu sei que me compreende, Delfos, somos iguais. Pelo menos eu o tive por algum tempo. Acho que Apollo fez isso para que eu o ajudasse em sua tarefa de divulgação dos seus mistérios. Só por isso eu vou ajudar a consolidar o seu culto. Quanto a você, o que pretende fazer?

— Não sei, sinto-me agora mais vazio do que quando cheguei. Uma parte de mim fica aqui e isso é o que me magoa mais. Por que posso dar tanto, se nada tenho?

Hera olhou para o pequeno templo e disse-lhe:

— Ele sabe o porquê disso, Delfos.

— Sim, ele o sabe, só que não fala comigo. Então de que adianta perguntar-lhe?

— Talvez um dia ele lhe responda, Delfos.

— Duvido. Ele não nega nada quando eu lhe peço por outros, mas a mim nada dá.

— Você é muito descrente dos poderes dele.

— Não é isso, Hera, apenas eu não tenho alma. Esse é o meu problema. E quem não tem alma não tem nada.

Delfos deu um forte abraço em Hera e partiu sem olhar para trás.

Se houvesse olhado para trás, veria a mulher que, apesar de ocultar-se atrás do medo que incutia nas pessoas, possuía uma alma e por isso chorava sua partida. Ela sabia o que era o amor.

Havia-o encontrado em Delfos, o filho de Neema com o ancião animado pelo espírito do oráculo.

Sim, um homem assim não tinha alma. Era filho de um encanto.

Capítulo 9

A Queda de Delfos e o Encontro com Atenas

Delfos caminhou por muito tempo. Não tinha rumo, mas ia sempre em direção à costa marítima. Havia subido ao interior do continente, agora voltava à beira-mar.

O tempo não contava para um ser vazio. Que importância tinha o tempo a quem nada tem?

Ainda espalhou o culto aos mistérios em todas as aldeias em que parou, pois não conseguia conter-se. Todas as vezes que podia, cumpria com sua missão.

Por fim, chegou ao mar. Ficou a contemplá-lo por muitos dias. Conhecia seus mistérios, Neema havia-lhe ensinado todos.

Em um dia, Delfos ficou a observar as ondinas que o espreitavam a distância.

Fez-lhes uma oferenda bem atraente e conseguiu aproximar-se delas. Ficou admirado com a sua beleza.

Sim, como eram belas as encantadas do mar. Isso o fascinou. Fez um encantamento e dobrou-as aos seus desejos. Não os biológicos, mas os mentais.

Lançava seu espírito no astral só para ficar junto delas. Isso lhe causava um mal muito grande, mas disso não tinha consciência. O que importava é que elas tinham o poder de fasciná-lo.

Ficou um bom tempo naquele lugar. Quando viu que estava esgotando o seu espírito e o corpo definhava, foi-se embora.

Um dia veria o mal que fez a si e às ondinas, somente por causa de sua busca do que não era encontrado em mulher nenhuma.

Voltava para o templo e o oráculo. O espírito fora aniquilado por sua loucura de buscar o contato com as ondinas.

O seu corpo dava mostras desse esgotamento. Antes era saudável e corado, mas agora, não. Olheiras profundas e o rosto cadavérico mostravam o que havia realmente encontrado.

Por muito tempo, Delfos caminhou. Alimentava-se com o que a Natureza lhe fornecia.

De vez em quando, conseguia alguma caça. Parecia-lhe que a vida fugia do seu corpo.

Foi nesse tempo que avistou uma pequena aldeia. Rumou para lá como um possesso. Sua mente já estava alterada pela loucura e a fome abatia-o a cada dia.

Quando chegou à aldeia, todos se recusavam a ajudá-lo. O máximo que conseguiu foi um pouco de água e umas frutas.

Após lhe darem as frutas, expulsaram-no da aldeia. Não gostavam de estranhos ali.

Mais alguns dias e chegou a uma região habitada por pastores. Qual não foi sua alegria ao ver tantas ovelhas: mataria toda a fome que sentia.

Bateu à porta de uma choupana em busca de algo para comer. Uma jovem pastora o atendeu.

Devia estar horrível, pois ela se assustou com sua aparência, dando um passo para trás.

Delfos não sabia, mas só a sua força mental o mantinha vivo.

A jovem deu-lhe água e depois um pouco de comida; entretanto, não o deixou entrar em sua moradia. Não, isso não faria por aquele homem. Sua aparência mortiça a incomodava.

Após saciar sua fome, Delfos afastou-se. Havia caminhado um pouco, mas voltou até a jovem e pediu-lhe:

— Por favor, moça, ajude-me. Não posso mais caminhar de tão fraco e doente que me encontro. Não a incomodarei em nada, só peço que me deixe ficar aqui fora até eu me curar. Um dia, eu a compensarei por sua caridade; eu lhe prometo.

Era um homem reduzido ao nada. Já não tinha a beleza de antes nem autoconfiança.

Pediu com tanta humildade que comoveu a jovem.

— Está bem, estranho, pode ficar aí fora que eu o alimentarei até você poder partir. Só que não vai entrar em minha casa.

— Não se preocupe, juro que não a incomodarei. Só peço que me ajude a viver, não posso morrer agora.

— Creio que não morrerá, só está fraco e doente, nada mais.

No decorrer dos dias, Delfos começou a se recuperar. A jovem alimentava-o bem. Sentia pena do homem.

Lentamente Delfos sentia suas forças voltarem. O corpo começava a melhorar sua aparência. Tomou um banho no riacho que ficava afastado da casa da jovem e lavou suas roupas. Cortou os longos cabelos e fez a barba. Já não parecia o mesmo quando voltou para perto da casa.

Ela não o reconheceu quando ele a procurou novamente.

— Sou o mesmo que bateu à sua porta, moça. Graças a você, eu vivi. Sou-lhe eternamente agradecido. Um dia eu lhe pagarei por sua generosidade. Se quiser, posso ajudá la um pouco. Devo-lhe muito.

— Não me deve nada, estranho. O que eu fiz foi porque senti pena de você. Agora que está melhor, vai partir?

— Se não for incômodo, gostaria de ficar mais um pouco aqui. Sinto que ainda não estou totalmente curado.

— Fique o tempo que quiser, contanto que não entre em minha casa.

— Não a incomodarei com isso. Você é muito bondosa. O que faz uma jovem sozinha neste lugar?

— Eu vivo aqui há muito tempo. Um dia já tive uma grande família, hoje só resta a mim.

— Mas por que isso, moça?

— O tempo transforma tudo. Até as famílias acabam-se. Eu preferi ficar aqui, quando todos partiram.

— Compreendo, o lugar tem um encanto, não?

— Como assim, estranho?

— O que eu quis dizer é que aqui há uma aura mágica envolvendo-o. Tudo parece mágico. A água é saborosa, os frutos muito doces e as suas ovelhas são muito bonitas.

Isso é porque você está muito fraco, então tudo parece melhor. Quanto às ovelhas serem mais bonitas, é que eu cuido muito bem do meu rebanho. E se o pastor é bom, o rebanho será o mais bonito.

Quando ela falou isso, Delfos ficou envolto em sua aura negra.

— Por que se entristece com minhas palavras, estranho? Acaso também é pastor?

— Mais ou menos isso, moça. Só que meu rebanho era diferente. Eu cuidava de pessoas.

— E por que perdeu seu rebanho se era de pessoas? Acaso não era um bom rebanho?

— Era um ótimo rebanho, eu que não fui um bom pastor.

— E o que é ser um bom pastor, estranho?

— Não sendo como eu, já se é um bom pastor.

— Está sendo muito severo consigo mesmo.

— Você é que não me conhece. Já fiz tudo o que é possível para afrontar aos deuses e não consegui o que queria. Tive tudo à mão para ser um bom pastor e não me soube valer disso.

— Qual é o melhor pastor? O que tem o campo todo para si e não dá o que comer às suas ovelhas ou o que, mesmo tendo pouco campo, alimenta a muitas?

— O segundo é o melhor pastor, não há dúvidas quanto a isso.

— Pois eu, moça, fui igual ao primeiro. É por isso que eu lhe perguntei como é ser um bom pastor.

E Delfos chorou como uma criança. Era o primeiro choro de sua alma que nascia.

Um ente humano não pode ser só espírito e corpo, tem de ter alma também, pois a alma é a manifestação do espírito.

E quem não a tem, não sorri, nem chora, não sofre e não é feliz.

Um ser humano sem alma é como o solo estéril, e isso é o que tem acontecido com Delfos.

Mas agora não, sua alma nascia. E com ela, um novo Delfos.

Um Delfos que aprendia como é bom chorar às vezes.

Muitos dizem que quando uma criança vem ao mundo da carne, a parteira dá-lhe um tapa nas nádegas para que, com a dor, ela abra seus pulmões e possa respirar. Sim, isso é verdade, eu sei.

Mas há um mistério em tudo isso. O espírito tem um corpo a animar. Mas a alma, que é a ligação entre os dois, dorme. Um bom tapa em seu traseiro desperta-a para que o espírito possa viver na carne sem tormentos.

Faz com que ele aceite a vida como ela é, e ainda assim sinta prazer em vivê-la.

Sim, finalmente, Delfos tinha alma. E como ela estava viva!

É o que acontece com todos. São insensíveis para com a dor alheia, até que sofrem. Depois de um bom sofrimento, despertam suas almas e começam realmente a viver.

Isso é ter alma. O resto é só um espírito animando um corpo.

É por isso que chamam as pessoas cruéis de animais. Não que os animais sejam insensíveis à própria dor. Não, isso não! São insensíveis à dor alheia. Isso torna o ser humano diferente deles.

O ser humano tem alma além do espírito, os animais não a têm.

Eis o que é ter alma. É sorrir, chorar, vibrar enfim. Não ser um ente morto.

E a jovem deixou Delfos chorar à vontade. Não interrompeu nem por um momento o seu pranto e entendia o seu choro. Como seria bom se todos agissem assim quando alguém está chorando.

Sim, não deviam interromper um pranto, pois quando alguém está chorando, é sinal que sua alma vive.

Eis um mistério que poucos conhecem.

Mas ela não! Sabia que Delfos tinha seus motivos para chorar, e até o incentivou a mais choro, pois lhe disse:

— Chore, estranho. Pranteie toda a sua dor, pois ela é imensa, eu sei. Quando tiver chorado toda sua dor, pode entrar em minha casa, pois de agora em diante ela está aberta a você também.

E foi cuidar do seu rebanho.

Mais tarde, ao voltar, viu Delfos soluçando ainda.

— Já lavou sua alma, estranho?

— Chorei muito, mas não lavei minha alma — disse ele, triste.

— Por que não a lavou?

— Porque eu não a tenho, moça — e novamente caiu no choro.

— Bem, como pode dizer que não tem alma, se chora tão sentido?

— É o remorso que me consome, moça.

— Que seja só remorso. Mas só os que têm alma choram. Ou não sabia disso também?

— Há tantas coisas que não sei. E acho que nunca saberei.

— Você vive e isso é o que importa. Quanto a aprender, isso pode aprender sempre. É só querer. Como é seu nome, estranho?

— Delfos, moça. E o seu?

— Eu me chamo Atenas, a pastora dos melhores rebanhos da Terra.

Ela sorria ao lhe dizer seu nome.

Delfos ficou a observá-la por um instante. Não tinha feito isso até aquele momento.

Sim, Atenas era bela. Não a beleza da volúpia, mas a da alma. Sua beleza impunha respeito, não despertava paixão.

E se fazia isso com Delfos, o que dizer dos mortais comuns?

Estava admirado com a moça. Era bela, mas reservada em sua beleza. E, além do mais, parecia-lhe sábia.

Sim, ela que vivia a cuidar sozinha de tão grande rebanho, e o fazia tão bem, só podia ser uma moça sábia.

Quando se sentiu observada, falou-lhe:

— Vou preparar nosso jantar, você pode cear comigo se o quiser, Delfos.

— Obrigado, Atenas. Você é muito bondosa, sou-lhe agradecido por toda a eternidade.

— Cuidado com sua gratidão eterna, pois posso cobrar isso de você um dia, Delfos.

— Pois quando achar que está na hora de me cobrar um pouco do que lhe devo, não tenha receio, Atenas. Eu lhe devo minha vida, e isso não tem preço. Por mais que me pedir, nada será tão valioso quanto minha vida.

Ela lhe sorriu de um jeito que o encantou. Sim, Delfos estava encantado com a moça.

Até esquecera a sua dor e o objeto de sua procura.

Mais tarde, ela o chamou para cear.

— Não, Atenas, obrigado. Eu lhe prometi que não vou entrar em sua casa.

— Delfos, quando eu peço a alguém que não entre em minha casa, fico brava se o fazem. Mas se eu os convido e não aceitam, fico magoada. Você quer me magoar, Delfos?

— Não, Atenas, nunca a magoaria por nada deste mundo.

— Então venha e coma com Atenas, a melhor pastora que existe nesta região.

— Eu lhe agradeço, Atenas.

E entrou na casa de Atenas pela primeira vez.

Tudo na casa era de bom gosto. Por fora era simples, mas, dentro, tudo resplandecia à mão mais feminina que possa haver.

— Agora entendo por que me pediu para não entrar em sua casa. Eu estava doente, sujo e faminto. Poderia macular tanta beleza, Atenas.

— Não, Delfos. Famintos eu já alimentei na minha mesa. Aos doentes que passam por aqui, eu também abri minha porta. Só aos que estão sujos e cheiram mal, eu lhes fecho a porta. Quando estiverem limpos, eu os convido a entrar. Essa é a razão por que não o deixei entrar em minha casa, Delfos.

— Será que estou limpo o bastante, Atenas?

— Para mim, está o suficiente, Delfos. Isso é o que me importa. Vamos, sente-se e coma.

— Sua mesa é farta, Atenas. Poucos podem oferecer uma mesa tão sortida como você.

— Aos que eu convido a cearem comigo, sirvo de tudo o que tenho para que comam o que gostarem de minha mesa, Delfos.

— Obrigado, Atenas, vou me servir só do que gosto, mas não desprezo as outras iguarias. Afinal, há gosto para todas elas, e muitos famintos como eu se regalariam ante sua mesa.

— Você é muito gentil em suas palavras para com minha mesa, Delfos. Poucos a elogiaram como você.

— Então foram mal-agradecidos por não reconhecerem como sua mesa é farta, Atenas.

— Bondade sua, Delfos. Mas por que não me conta sua história enquanto comemos? Gostaria de ouvi-la.

E Delfos contou-lhe toda sua história. Sim, foi uma longa história. Delfos não se lembrou do tempo que passou falando com a moça. A única coisa de que se lembra é que falava e falava a não mais poder. Quando terminou de contar, perguntou-lhe:

— O que acha de minha história, pastora Atenas?

— Diferente nas palavras, mas igual no conteúdo.

— Como assim?

— Muitos já me contaram suas histórias, e eu sempre noto que caem porque buscam algo impossível de conseguir. Não se conformam com isso e vagam sem rumo pela Terra à sua procura. Quando tentam de tudo e não o encontram, caem no maior dos abismos.

— Sim, acho que é isso mesmo, Atenas.

— Bom, Delfos, já estamos conversando há muito tempo. Vou me banhar no riacho para depois dormir. Acompanha-me?

— Sim, acho que não há mal algum nisso.

— Então vamos. Levo uma roupa nova que fiz para você. Esta que usa não corresponde a você.

— Posso vê-la?

— Não, é surpresa. Eu a cosi enquanto observava o seu sono.

— Você ficou a me vigiar todos estes dias?

— Sim, temia que viesse a morrer, então ficaria infeliz porque não o acolhi em minha casa.

— Não me acolheu, mas também não me abandonou. A cada momento lhe devo um pouco mais. Sinto que ainda lhe serei o maior devedor na face da Terra, Atenas.

— Não se preocupe com o pagamento, Delfos; quando o ajudei, não lhe pedi nada em troca e, se um dia fizer algo por mim, que não seja esperando uma recompensa.

— Sim, Atenas, um dia a ajudarei. Não sei se o que posso dar vai agradar-lhe. A uma pastora tão simples e meiga, mas que tem um lugar encantado pela magia divina ao seu dispor, não sei o que mais agradaria.

— Quem sabe um dia você descubra o que me agrada, Delfos. Vamos ao riacho, agora?

— Vamos, Atenas.

Quando chegaram à beira do riacho, a lua cheia deixava as águas brilhantes.

Mal Atenas começou a despir-se, Delfos virou o rosto. Contemplou a lua e viu como ela transmitia seu encanto.

Sim, a lua também encanta os que sabem olhar mais além de sua forma. Mas é preciso conhecer os mistérios da lua para sentir seu encanto.

Quando ouviu Atenas entrar na água, olhou-a.

— Está muito fria a água, Atenas?

— Não, Delfos, venha, está deliciosa.

— Só entro se você olhar para o outro lado.

— Não se preocupe, eu vou para a outra margem.

E Delfos mergulhou para a água com a roupa no corpo.

— Por que não se despiu, Delfos?

— Você trouxe uma roupa nova, então não preciso me preocupar com esta aqui.

— Mas, na água, só nadamos bem se nada nos segurar.

— Para mim é bom que algo me segure; não quero que, um dia, digam que Delfos não soube conter-se, ao mergulhar nas águas de Atenas.

— Você é quem sabe. Eu não o proíbo de se despir na minha frente. E não é por sua causa que vou mudar o modo de me banhar.

— Eu disse que não a incomodaria, portanto não mude nada em sua vida por minha causa.

Ainda conversaram um pouco mais. Logo, Atenas convidou Delfos a ir embora.

— Saia você primeiro, Atenas, depois eu vou.

— Oh,vamos, Delfos! Não me vai ajudar a sair da água? A margem do riacho é alta e se não tiver sua ajuda, vou me sujar um pouco na sua terra.

— Já que você assim o quer, vou ajudá-la.

Quando Delfos puxou-a para a margem, ficou encabulado com a beleza de Atenas.

Sim, ela era bela, mas ainda assim sua beleza física impunha respeito.

E foi assim que Delfos comportou-se, com respeito.

Após Atenas se vestir, mandou que Delfos tirasse sua roupa velha. Ia dar-lhe a roupa nova.

Delfos virou-se de costas para ela e tirou a roupa.

— Vamos, Delfos, pegue sua roupa nova, é muito bonita.

Ele estendeu o braço.

— Coloque-a em minha mão, eu a vestirei.

— Delfos, eu não tive vergonha de me mostrar a você. Espero que não tenha vergonha de mim. Além do mais, quando dou algo para alguém, gosto que o recebam de frente e não envergonhados. O que dou, quero que digam que receberam com as duas mãos de Atenas, pois quando tiro algo de alguém, também uso as duas mãos para fazê-lo. Não gostaria que dissessem que ocultei uma mão para que não visse o que a outra estava apanhando ou dando. Dou com a direita e a esquerda, mas quando tiro, uso as duas também. Assim nunca dirão que a pastora Atenas dá uma de suas mãos. Sou generosa no ato de dar, como sou implacável no ato de tomar. Por isso, sou uma pastora com o melhor rebanho da Terra.

— Desculpe, não quis ofendê-la. Se Atenas não se envergonhou de me receber e mostrar-se a mim, eu também não me envergonharei de me mostrar a Atenas, a melhor pastora do mundo.

— Quero que os que gostam de mim mostrem-se por inteiro, assim como não me oculto de ninguém. Não sei se sou bela ou feia, mas quero que os que puderem ver-me, julguem por seus próprios olhos. Se eu lhes agradar, amem-me pelo que sou, sem véu algum a me ocultar. Mas se me olharem por inteiro e não encontrarem o que procuram, também não dirão que Atenas virou-lhes as costas para não se mostrar.

Quando parou de falar, Delfos virou-se para ela.

— Também não quero ocultar-me de você, Atenas. Você nunca dirá que Delfos ocultou-se na sua frente. Não, isso não. Eu pego com as duas mãos as vestes que você coseu tanto com a direita como com a esquerda. Eu também recebo-a com as duas.

— Pois deixe que eu o vista, Delfos. Quero que você se lembre e fale de mim quando partir. Dirá que Atenas, a pastora, o alimentou, curou sua doença, deu-lhe uma alma, ouviu sua história, banhou-o e vestiu-o. E ainda não se negou a mostrar-se por inteiro a você.

— Não esquecerei de nada disso quando partir.

E Atenas vestiu Delfos.

Quando Delfos viu as vestes, ficou admirado com a beleza. Era bordada com ramalhetes de ouro.

— Como pôde fazer isso, Atenas?

— Eu sou boa artesã, Delfos. Sei fazer as mais belas roupas. Nos momentos em que fico guardando o meu rebanho, vou tecendo as mais diferentes vestes. Quando vejo alguém que se adapte a elas, eu as dou de presente. E não peço nada em troca, Delfos.

— Mais uma vez sou seu devedor, Atenas. É muito bonita esta roupa. Alva como a lã dos seus cordeiros, e os ramalhetes de ouro reluzem como você em sua generosidade para comigo.

— Vamos, Delfos, já é tarde. É hora de dormir.

Voltaram para o casebre. Atenas disse-lhe:

— Só tenho uma cama, Delfos, mas é grande o bastante para nós dois. Se quiser, pode dormir ao meu lado, não precisa deitar-se ao relento esta noite.

Mal disse isso, tirou seu vestido e deitou-se na cama. Apenas um véu a cobria.

Delfos ficou observando-a em silêncio. Atenas era bela. E sua beleza, majestosa.

Ficou a observá-la por um longo tempo.

Quando viu que ela havia dormido e era profundo o seu sono, aproximou-se dela. Tocou em seus cabelos; a luz da lamparina fazia com que seus cabelos louros parecessem-se com fios de ouro.

Como era macia a sua pele! Seu rosto era linear, mas suas curvas eram suaves.

Tudo nela era perfeito. Atenas era a criação de um deus, pensou. Por fim, começou a sussurrar em seu ouvido.

— Vou partir agora, Atenas. Você já fez tudo o que podia fazer por mim. Mais que isso e o encanto se quebraria. Eu quero guardar de você uma lembrança para todo o sempre.

Não vou possuí-la, não porque não a deseje, mas porque você não é para ser possuída, só contemplada. Sua beleza eu não vi em mulher alguma. Talvez ela não exista em mais nenhuma.

Talvez, bela Atenas, seja melhor para mim lembrar-me sempre de você como a mais perfeita das mulheres. Uma boa pastora, uma boa dona-de-casa, pois sua casa é a mais bela que existe. E também como a mulher que todos devemos amar, mas não tocar. Só assim o amor permanecerá sem mágoa nenhuma. Não o desejo da carne, não, isso não. Já me fartei na carne e não saciei minha fome, mas você, não, só de vê-la eu me satisfaço. Ainda que você me pedisse, eu não violaria seu corpo. Não, isso não, Atenas; eu quero amá-la como uma deusa. Sim, como uma deusa. Nós amamos seus dons, seus mistérios e encantos, mas não a tocamos. Apenas fazemos com que nossa imaginação se aproxime dela, dando-lhe a forma que mais se aproxima do nosso ideal de beleza. Não tocamos nela, apenas a amamos da forma mais pura que possa existir. Sim, Atenas, eu cantarei sua beleza. Mas não será a todos, não. Só os que eu achar que merecem conhecê-la me ouvirão falar de você Atenas. Os enfermos e os famintos ouvirão minha história. Mas os sujos terão de se lavar primeiro, antes de ouvirem sobre sua generosidade e beleza. Talvez nem Neema, quando jovem, foi tão linda como você. Sim, hoje já não sei quem é mais encantadora, se Neema ou você. Isso eu já não sei mais. Penso que é porque nem em Neema, nem em você eu possa ou deva tocar. Neema vive em minha mente. Eu a trago como algo que não encontro em nenhuma outra mulher. Mas você, Atenas, eu posso tocá-la, mas não ouso. Ficará em minha mente como a mais bela das mulheres que se mostraram a mim, e ainda assim eu não tive coragem de tocar para não magoá-la com o mistério do desejo. Não, isso não. Eu a amarei só por sua beleza e generosidade, não pelo que possa oferecer de prazer aos meus sentidos.

Delfos notou que um leve sorriso aflorou em seus lábios. Ela se moveu um pouco na cama. Ele se assustou. Não queria acordá-la.

— Durma tranqüila, bela Atenas. Eu saberei falar dos seus encantos a quem souber compreendê-los. Sim, isso eu saberei. Encantarei a todos que ouvirem minha descrição sobre sua beleza e generosidade. Vou partir, bela Atenas. Mas não quero que pense que sou ingrato. Já estou saudável e posso alcançar o templo de Apollo e o do oráculo em pouco tempo. Voltarei aqui com algo para compensar sua generosidade para comigo. Não quero que diga que Delfos fugiu na noite alta. Parto para não macular sua beleza e pureza, pois se bem conheço as mulheres, é a mais pura de todas.

Delfos apanhou uma peça de roupa e cobriu o corpo de Atenas.

— Não quero que alguém sujo entre em sua casa e contemple sua beleza. Não, só entrarão aqueles que você convidar. Isto eu pedirei ao senhor da luz do saber, o deus Apollo. Ele a guardará até minha volta à sua casa, bela Atenas.

Reparou que o rosto dela estava triste, apesar de dormir.

Afastou um pouco o seu cabelo e beijou-lhe a face.

Viu seus lábios sorrirem novamente.

Fez uma prece ao deus Apollo, pedindo-lhe que velasse por Atenas até sua volta.

Olhou pela última vez o rosto de Atenas, a melhor pastora da região e de toda a Terra. Já ia longe, quando dos lábios dela saiu uma frase:

— Eu sou você Delfos, e você é parte de mim.

Nesse instante, Delfos pareceu ouvir sua voz. Olhou para trás, mas não viu ninguém.

Continuou com passos rápidos. A lua cheia brilhava no firmamento.

Caminhava feliz. Havia dominado o seu impulso.

O amor que lhe despertou Atenas era maior que qualquer desejo da carne.

E o que amamos demais, não devemos macular, senão quebramos o seu encanto.

Muitos dias depois, chegou ao templo de Apollo, o senhor da luz do saber.

Todos vieram ao seu encontro. Delfos ainda era o sacerdote maior do templo do deus.

Abraçou a todos. As jovens que haviam conhecido o seu encanto não haviam esquecido e jamais o esqueceriam. Ele era o objeto de suas procuras.

No dia seguinte, foi ao reencontro de Neema.

Sentia saudades dela. Como seria bom conversar com ela novamente!

Quando se viu diante dela, começou a chorar. Neema também não resistiu e chorou abraçada ao filho que tanto amava.

Algum tempo depois, ela lhe perguntou:

— Como foram esses anos, Delfos?

— É uma longa história, Neema. Levaria dias para lhe contar.

— Pois eu tenho todo o tempo que precisar para ouvi-lo. Encontrou o que procurava?

— Sim, encontrei, mas não tive coragem de tocá-la, Neema.

— É sempre assim, Delfos. Torturamo-nos na busca e quando encontramos, não tocamos, ou porque está fora de nosso alcance ou porque não temos coragem de tocar. Mas é sempre assim. Isso eu sei bem como é. Vamos, comece a me contar sua longa história, Delfos.

— Pois vou contar, Neema. Prepare-se, pois você também vai amar Atenas.

— Quem é Atenas, Delfos?

— Quando ela entrar em minha história, você a conhecerá, Neema. Até lá vai ficar em suspense a parte melhor de minha história.

— Pois comece logo, já estou ansiosa para conhecer Atenas. Vamos, sou sua ouvinte atenta a partir de agora.

E Delfos começou sua narrativa de tudo o que aconteceu após sua partida do templo do deus Apollo, senhor da luz do saber.

Neema ouvia atenta. Delfos era como o ancião ao contar sua história. Nisso não havia mudado. Como sabia explicar os mais pequenos detalhes!

Ela cada vez mais ansiava por conhecer Atenas.

E, finalmente, Delfos começou a lhe falar de Atenas.

Neema emocionou-se até as lágrimas com sua narrativa final.

Quando Delfos terminou, ela comentou:

— Vai voltar até ela, Delfos?

— Vou, Neema. Mas não com o intuito de possuí-la. Só quero recompensá-la pelo bem que me fez. Deu-me uma alma, Neema. Ela se parece com uma deusa guardiã dos mistérios.

— Não seria melhor, então, guardá-la como uma lembrança boa em sua vida?

— Não quero que Atenas diga que Delfos lhe virou as costas e partiu furtivo na noite enquanto ela dormia. Orei ao deus da luz do saber para que a guardasse por mim. E como tudo o que peço ele me concede, ela saberá que não fugi, só não quis macular o encanto que sentia por ela. Este encanto eu jamais quebrarei, Neema.

— Faz bem em agir assim, Delfos. Talvez ela lhe tenha dado uma alma mesmo. Pegue um pouco do tesouro do templo do oráculo e dê a ela. Quem sabe ela queira ser mais uma sacerdotisa do deus Apollo, não?

— Foi isso que eu pensei, Neema. Só que estou há tanto tempo fora e não sei se tenho o direito de retirar algo para Atenas.

— Eu sou a iniciadora desse templo do gênio do oráculo e você ainda é o seu guardião. Ninguém tomou o seu lugar, Delfos. E para mim ninguém é bom o bastante para substituí-lo. Ainda que ausente, todos falam do Oráculo de Delfos, o grande sacerdote de Apollo, o senhor da luz do saber. Já virou lenda a história de como o senhor da luz do saber dominou o gênio do oráculo através de você.

— Obrigado, Neema. Só você para me compreender.

— Só eu e Atenas, não, Delfos?

— Sim, somente vocês duas. Não houve e jamais haverá mulheres como vocês duas. Ainda me lembro de sua voz. Sim, era sua voz que falava comigo quando já estava distante de sua casa. Olhei para trás, mas não a via saindo da casa, Neema, mas era sua voz.

— O que ela lhe falou, Delfos? Isso você não me disse quando contava sua história.

— É que achei que não tinha importância, Neema.

— Vamos, Delfos, o que ela falou a distância?

Neema estava agitada na frente de Delfos. Abraçou-o com carinho.

— Eh! Eu me lembro bem de suas palavras.

Já mais calma, Neema perguntou-lhe:

— Quais foram as palavras, Delfos?

— Foram estas, Neema: "Eu sou você, e você é parte de mim, Delfos".

Neema apertou-o contra si. O pranto brotou como uma fonte cantante.

Ela nunca lhe havia contado sobre o ancestral místico, mas sabia que Delfos havia encontrado o seu finalmente.

Ele não sabia por que Neema chorava, mas não interrompeu seu pranto. Aprendeu com Atenas que, quando alguém chora a lágrima contida, é porque sua alma está nascendo.

E não ia interrompê-la agora, pois sabia que Neema também era infeliz.

Abraçou-a fortemente e acariciou-lhe os longos cabelos.

Sim, não havia duas mulheres como Neema e Atenas. Eram únicas.

Cada uma a seu modo, mas eram inigualáveis.

Sabia que uma não podia tocar e a outra não ousaria, mas ainda se sentia feliz.

Descobriu que amava as duas ao mesmo tempo. E só quem tem uma alma pode amar alguém sem precisar possuí-la.

Sim, Delfos agora tinha uma alma. Quanto a Neema, a sua estava nascendo agora.

Eu, o gênio do oráculo, contemplava tudo em silêncio. Provavelmente eu jamais teria uma sacerdotisa como Neema nem um guardião como Delfos.

Mas o que importava isso? Eu também os amava. E se podia amar mais de uma pessoa é porque eu, o gênio do oráculo, também tinha uma alma. Neema e Delfos me haviam dado uma.

Não vou interromper a história agora com minhas observações. Deixo que eles falem por si mesmos.

Capítulo 10

O INÍCIO DO CULTO A ATENAS

Quando Neema parou de chorar, falou a Delfos:

— Você levará um grande tesouro para Atenas.

— Ela não me parece muito necessitada de ouro, Neema. Não lhe falei das minhas vestes que ela bordou com fios de ouro?

— Sim, eu a estou vendo em seu corpo, mas acho que ela ficará muito feliz se outras mulheres bordarem vestes com ramalhetes de ouro para dar aos que ela convidar para entrarem em sua casa. Quem sabe você não descubra que Atenas merece uma grande casa em vez de uma pequena choupana. Talvez você devesse escolher umas virgens do templo do deus Apollo e levá-las para Atenas poder cuidar de mais ovelhas; assim ela se tornaria não só a melhor pastora, mas também se tornaria a maior do mundo.

— Você tem razão, Neema. Tudo o que eu fizer para ajudar Atenas não será nada perto do que ela fez por mim. Ela me deu uma alma, Neema.

— Então, dê a ela uma alma também, Delfos.

— Acho que ela já tem uma alma.

— Não se preocupe se ela tem ou não, apenas quando achar a hora certa, dê-lhe uma alma.

— Já que você insiste, vou ver se é necessário isso, está bem?

— Fico feliz se você fizer isso, Delfos.

Alguns dias depois, Delfos partiu. Ia acompanhado de uma grande comitiva.

Todos queriam conhecer Atenas, a melhor pastora do mundo, de quem Delfos tanto falava.

O tesouro que levava duraria milênios, pois era enorme.

— Neema, acho que vou magoar Atenas com tanta riqueza. Ela não me parece ligada a estas coisas.

— Não se preocupe com isso agora. Quando chegar lá, você se preocupa.

— Por que você não vem comigo, Neema?

— Eu jurei nunca abandonar o oráculo. Mas peço-lhe uma coisa, Delfos.

— O que é, Neema?

— Não importa o que você encontre ou lhe aconteça, volte para mim. Não me abandone agora.

— Eu voltarei, não se preocupe. E também não me acontecerá nada.

— Chorarei até sua volta, Delfos. Só você fará com que cesse o meu pranto.

— Está com ciúmes, Neema?

— Sim, eu estou com ciúmes, mas também temo que você se perca para sempre.

— Por que esse temor, Neema?

— Na hora certa, você saberá.

E Delfos partiu.

Quando chegou à aldeia, foi direto à choupana de Atenas. A comitiva que o acompanhava ficou descansando, enquanto ele partia a cavalo. Levava um para trazer Atenas também.

Quando chegou ao lugar, não encontrou a choupana. Viu a árvore copada embaixo da qual dormira.

O lugar em que dormira ainda estava marcado e suas roupas velhas estavam lá, bem arrumadas.

Junto a ela havia três vestes femininas e uma masculina. Todas tinham o seu toque, isso ele via claramente, mas quanto ao casebre, nem sinal. No lugar havia muitas flores. Cada uma mais linda que a outra.

Ele conhecia as espécies. Não eram de brotar em tão pouco tempo.

Ao olhar mais atento o solo no meio das flores, viu o véu que cobria Atenas sobre o mesmo tecido que cobriu o seu corpo ao partir e, sobre o véu, uma mecha enorme do cabelo de Atenas.

À luz do sol, brilhava como ouro.

Olhou para o ramalhete bordado em sua roupa e depois os outros nas vestes que encontrou junto de sua roupa velha.

Por dentro, viu a ponta dos fios. Foram feitos com os cabelos de Atenas. Suas pontas eram visíveis por dentro.

Envolveu os cabelos com o véu e depois os cobriu com o tecido. Levou-os ao encontro do peito e chorou. Atenas não era uma mortal. Era uma deusa.

Tocara uma deusa. Chegou a beijar seu rosto e alisar os seus cabelos dourados.

Fora curado por uma deusa. Ganhara uma alma dela.

Não sabia se chorava de alegria ou de tristeza. Só chorava as lágrimas dos que são vestidos pelos deuses.

Sim, os que são vestidos pelos deuses choram com toda a emoção que só eles possuem.

Eu contemplava Delfos a distância. Desde que partiu do templo do oráculo, eu o acompanhei. Queria ver como seria sua reação quando encontrasse os cabelos da deusa Atenas.

Alguém escreveu no futuro sobre Jasão buscando o velocino de ouro.

Muitos dizem-se iniciados ou entendidos, mas não souberam desvendar o mistério contido na obra.

O velocino são cabelos de ouro de Atenas, a melhor pastora, não só do lugar, mas do mundo.

O espírito que inspirou este conto não podia, na sua época, contar a verdade. Contou como lhe foi permitido pelos deuses do panteão grego.

Tudo isto eu sei, pois sou o gênio do oráculo e a tudo eu contemplei em silêncio por milênios. Só agora é permitida a versão original. Mais de sete mil anos já se passaram e, após este tempo, a verdade pode ser revelada.

Isso eu sei. E como sei disso.

Quanto a Delfos, chorou por muito tempo.

Foi tirado do pranto quando as jovens que levaram Atenas o chamaram.

Todos o procuravam. Estavam preocupados com seu desaparecimento.

Após Delfos contar sua história e toda a aldeia estar reunida à sua volta, pois queriam ouvi-lo também, um ancião aproximou-se dele e falou-lhe:

— Eu a vi, guardião do oráculo e servo do deus Apollo, senhor da luz do saber.

— Conte-me como foi, ancião.

— Eu lhe contarei, poderoso Delfos. Sim, agora posso contar a quem estava limpo o bastante para entrar na casa de Atenas, a melhor pastora do mundo.

E contou sua história a Delfos. Quando terminou sua história, Delfos perguntou-lhe:

— Onde está sua veste bordada por Atenas, ancião?

— Ela não me deu uma veste. Só me disse que um dia eu encontraria uma com um ramalhete bordado a ouro. Só então eu poderia falar como ela era generosa e bela.

E poderia dizer que sua casa estaria aberta a todos os que ela convidasse para entrar. E que se fartariam à sua mesa e dormiriam no seu leito.

Mas só convidaria aos que estivessem limpos. Os doentes e os famintos entrariam sempre, mas os sujos ficariam de fora. A estes, ela os barraria à porta.

— Eis sua veste, ancião. Ela deixou-a sob aquela árvore. Que todos se ajoelhem e cubram suas cabeças; o ancião vai vestir a roupa que lhe enviou Atenas, a melhor pastora do mundo.

E todos se abaixaram e cobriram a cabeça de encontro ao solo.

Quando o ancião se vestiu, Delfos chamou a atenção de todos:

— Eis o primeiro sacerdote da deusa Atenas. Ele saberá como revelar os seus mistérios de forma alegórica.

Continuou:

— Peço que novamente cubram suas cabeças, pois três serão escolhidas para serem suas sacerdotisas.

E Delfos escolheu uma aldeã e duas das moças que trouxe do templo do deus Apollo.

Elas se despiram e vestiram as vestes da deusa Atenas. A roupa parecia ter sido tecida para elas. Adaptava-se com perfeição aos seus corpos.

Após a cerimônia de consagração, que se repetiria por milênios, Delfos mandou construir um templo à deusa Atenas.

Toda a aldeia ajudou na construção.

Em poucos dias, foi erigido um belo templo. Simples, mas belo.

Atenas seria isso para aquele povo. Uma inspiradora do gênio criativo.

Junto com Apollo, moldaria a alma do povo grego. Seriam eloqüentes e criativos. Duas qualidades que souberam absorver em toda sua plenitude.

Hoje, quando vêem gravuras dos banhos, pensam que era algo promíscuo. Nada disso é verdade. O banho ritual era feito com muito respeito. E as fontes eram sagradas em toda a Grécia. Muitos mistérios ainda estão ocultos sob forma alegórica.

Agora já sabem que só assim foi possível dividir o tesouro por todos e, ainda assim, aumentá-lo.

O tesouro que o ancião recebeu do espírito da fonte foi dividido com todos, por isso dura até hoje, sete mil e trezentos anos depois.

Estudem os deuses do panteão grego e descubram os mistérios da criação da natureza.

Muito difícil?

Não. Sentem-se ao lado de uma fonte e aguardem o seu espírito guardião. Pelo murmúrio da água ouvirão suas revelações.

Assim como o Monte falou um dia, a Fonte também já o havia dito, só que de forma alegórica.

Mas voltemos à nossa história.

Delfos depositou o tesouro que trouxera consigo para Atenas no seu templo.

Depositou um pouco ao deus Apollo, senhor da luz do saber.

Feito isso, foi despedir-se de Atenas em seu templo.

— Parto agora, Atenas. Vou triste porque sinto que nunca mais a verei como se mostrou a mim quando eu morria.

Deu-me uma alma, por isso vivo e vibro como um ser humano.

Direi a todos que é a melhor e a maior pastora do mundo. Seu rebanho multiplicar-se-á por muitas gerações. Os poetas escreverão sobre ti milhares de versos, e ainda assim não poderão dizer que a viram como eu a vi.

Poderão recitá-la em todos os lugares e ainda assim não conseguirão falar tão bem como eu falo de você.

Podem dizer tudo sobre sua generosidade, mas eu a conheci na forma de uma moça meiga e majestosa.

Falarão de sua beleza e ainda assim não poderão dizer como eu digo: Atenas é a beleza na forma feminina que encanta a quem a vê como eu vi, mas, se estiverem limpos, não ousarão tocá-la, pois não vão querer macular seu objeto tão amado.

Não, todos os que forem realmente tocados por Atenas ganharão uma alma para animar o seu espírito.

Quanto a você, Atenas querida, jamais dirá que Delfos a maculou; dirá, isso dirá, que Delfos preferiu partir durante o seu sono para não destruir o amor que nutre por você.

Dirá também que se mostrou por inteira a Delfos. E, ainda assim, Delfos não ousou maculá-la. Pois uma deusa não é para ser amada na carne, só em espírito. E só os que têm uma alma a animar o seu espírito sabem como é bom amar assim.

Dirá também que Delfos não pôde pagar por tudo o que fez por ele, mas ao menos Delfos não a esqueceu.

Dirá que Delfos contou a todos sobre sua beleza e generosidade e é grato a você para todo o sempre.

Sim, Atenas dirá muitas coisas sobre Delfos, mas nunca dirá que Delfos virou as costas a um presente seu.

Também não dirá que Delfos deu um presente a você com só uma das mãos. Não, quando ele der um presente, sempre se lembrará de suas palavras:

"O que tiver de dar eu dou com as duas mãos. Não ocultarei de uma o que der com a outra."

Espero que tenha recebido o meu presente. Com as duas mãos, bela e generosa Atenas.

É doadora de almas, mas dirá a todos que Delfos, o guardião do oráculo do senhor da luz do saber, deu-lhe uma alma para animá-la também.

Sim, pois é generosa para com os enfermos, famintos e sujos, mas depois que se limpam podem entrar em sua casa.

Só espero que um dia diga estas palavras, bela Atenas: "Delfos, você me honrou, portanto eu o convido à minha morada divina". Aí sim, nesse dia, o guardião do oráculo dirá só duas palavras: obrigado, Atenas.

E Delfos chorou. Suas lágrimas caíram sobre os cabelos dourados que Atenas lhe deixou como uma prova para que não pensasse que tudo não passara de um belo sonho.

Por fim, caminhou para a saída do templo.

Quando estava à porta, ouviu a suave e doce voz de Atenas a dizer-lhe:

— Delfos, eu o amo, pois eu sou você e você é parte de mim.

Sim, como Atenas amou Delfos por tudo que ele falou de sua beleza e generosidade!

Capítulo 11

A Descoberta do Ancestral Místico de Delfos

Quando voltou para Neema, ela o acolheu com o carinho que só uma mãe bela e generosa sabe transmitir. Delfos contou-lhe tudo o que houve.

Quando terminou o restante de sua história, Neema falou-lhe:

— Delfos, você encontrou em Atenas o seu ancestral místico.

— Meu ancestral místico? O que é isso, Neema?

— Vou falar-lhe o que é um ancestral místico. Será uma longa história, Delfos. Só os iniciados o encontram, e se você o encontrou é porque já é um Iniciado também.

— Ouço-a com atenção, Neema. Ensine-me sobre o ancestral místico.

— Bem, Delfos, quatro são os ancestrais místicos; sete são os dons originais.

Um ancestral místico é uma das formas do Criador e nós somos emanações de uma dessas formas. De tempos em tempos, somos postos à disposição de um ancestral místico para desempenharmos uma missão. Aos magos é dada a missão de revelá-los. Aos sábios, torná-los compreensíveis. Aos iniciados, guardá-los. Aos sacerdotes, divulgá los nos templos; e aos mestres, ensiná-los nas escolas. A tudo isso o ancestral místico nos induz a fazer sem que o percebamos. Mas tudo fazemos por amor ao nosso ancestral místico, uma das formas do criador de tudo e de todos. O ancestral místico é isso, Delfos. É a força que nos move; de uma forma ou de outra, move-nos. Quem conhece o seu ancestral místico já não sofre mais, pois sabe que tudo em sua vida é guiado pelo seu ancestral. Só os que não conhecem o seu ancestral místico não conseguem ver os mistérios maiores da criação divina na natureza. Mas os que o conhecem, amam a natureza, pois é nela que o Criador se mostra a todos nós, criações suas.

E Neema lhe revelou tudo sobre o ancestral místico.

Contou-lhe a sua história, também a do ancião que surgiu um dia em sua vida.

Quando terminou sua história, Delfos estava triste.

E por que a tristeza, Delfos?

— É porque o nosso ancestral místico colocou-nos em campos opostos: você me procura e não me pode tocar. Eu a procuro, mas também não posso tocá-la. Até quando isso, Neema?

— Até que você possa libertar-me do encanto do gênio do oráculo.

— Mas por que esse encanto?

— É para que sempre nos procuremos. Você me procurará, em todas as mulheres, e eu me negarei a todos os homens. Só me entregarei a você quando assim o ancestral místico o permitir.

— E quando é que ele o permitirá?

— Quando achar que se faz necessário para que iniciemos ou solidifiquemos os seus mistérios.

— Então nunca estaremos juntos na felicidade eterna, pois sempre eu e você estaremos lutando pelos seus mistérios, não?

— Sim e não. Sim, porque quem não luta por um mistério não vive de verdade. E não, porque um dia você me libertará do encanto do gênio do oráculo. Aí nesse tempo, poderemos viver em paz na luz do nosso ancestral místico.

— Isso se ele não nos lançar em nova senda, não?

— Isto ele fará com certeza. Não estaremos separados, mas unidos para todo o sempre.

— Como pode saber disso, se você mesma disse que ninguém pode prever qual é a prova de um ancestral místico?

— Eu posso não saber disso, mas o gênio do oráculo é um dom original, e como eu sou sua sacerdotisa, consultei sobre isso e tenho a resposta.

— E o que dizia o oráculo emitido?

— Quer saber mesmo, Delfos?

— Sim, Neema. Isso eu quero saber.

— Pois eis o oráculo emitido: eu sou vocês e vocês são parte de mim. Eu os amo por inteiro. E vocês amam parte de mim. Eu os quero por inteiro. E vocês querem parte de mim, portanto só quando vocês me quiserem por inteiro, eu os unirei.

— Mas como e quando isso se passará, Neema?

— Não sei, mas é melhor nós não nos preocuparmos com isso agora, Delfos. A jornada será muito longa para que comecemos a nos preocupar com o seu final. Melhor cuidarmos dessa parte do caminho agora, para que o próximo trecho não seja tão difícil, não?

— Sim, você tem razão. Ao menos este nós já conhecemos. Certo, Neema?

— Sim, Delfos.

Nesse instante, tiveram a nítida impressão de ouvirem uma voz a lhes sussurrar:

— Eu sou vocês e vocês são parte de mim, por isso eu os amo. Eu sou o ancestral místico!

FIM

Este livro foi composto em Times New Roman, corpo 11/12.
Papel Offset 75g – Bahia Sul
Impressão e Acabamento
Book RJ Gráfica e Editora – Rua Clark, 136 – Moóca – São Paulo/SP
CEP 03167-070 – Tel.: (0_ _11) 6605.7344 – e-mail: bookrj@bookrj.com.br